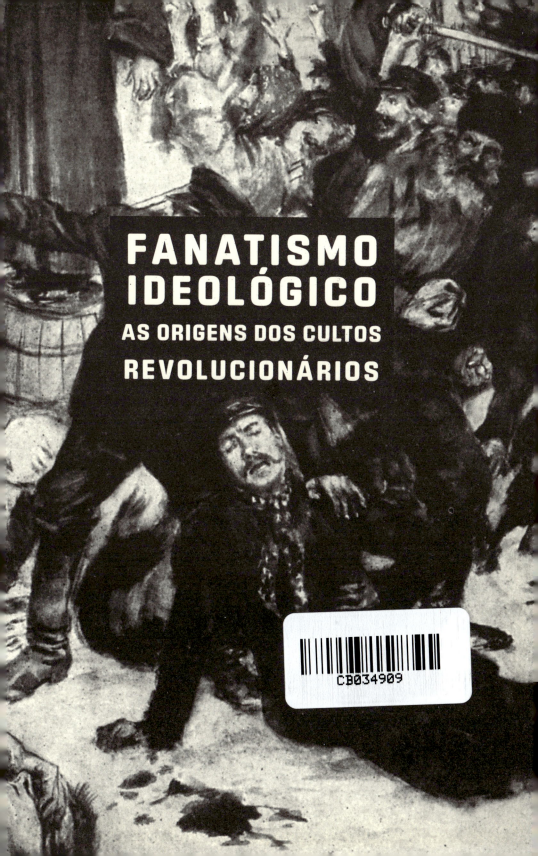

FANATISMO IDEOLÓGICO
AS ORIGENS DOS CULTOS REVOLUCIONÁRIOS

FANATISMO IDEOLÓGICO

AS ORIGENS DOS CULTOS REVOLUCIONÁRIOS

(1789-1792)

Dissertação apresentada como segunda tese de doutorado na
Faculdade de Letras da Universidade de Paris

por

ALBERT MATHIEZ

Antigo aluno da *Escola Normal Superior* e
Professor de história no *Liceu de Caen*

TRADUÇÃO
MARLY PERES

AVIS RARA

COPYRIGHT © FARO EDITORIAL, 2021
Todos os direitos reservados.
Nenhuma parte deste livro pode ser reproduzida sob quaisquer meios existentes sem autorização por escrito do editor.

Diretor editorial PEDRO ALMEIDA
Coordenação editorial CARLA SACRATO
Preparação TUCA FARIA
Revisão LILIAN CENTURION e GABRIELA DE AVILA
Capa e diagramação CRISTIANE | SAAVEDRA EDIÇÕES
Imagem de capa LEBRECHT | ALAMY STOCK PHOTO
Imagens internas DOMÍNIO PÚBLICO

Avis Rara é um selo de Ciências Sociais da Faro Editorial.

Dados Internacionais de Catalogação na Publicação (CIP)
Angélica Ilacqua CRB-8/7057

Mathiez, Alberth
    As origens dos cultos revolucionários: fanatismo ideológico / Alberth Mathiez; tradução de Marly Peres. — São Paulo : Faro Editorial, 2021.
    176 p.

    Dissertação apresentada como segunda tese de doutorado na Faculdade de Letras da Universidade de Paris
    ISBN 978-65-5957-002-7
    Título original: Les Origines Des Cultes Revolutionnaires

    1. França - História - Revolução, 1789-1799 2. Ciências sociais 3. Política e governo I. Título II. Peres, Marly

21-1139   CDD 944.04

Índice para catálogo sistemático:
1. Revolução francesa

1ª edição brasileira: 2021
Direitos de edição em língua portuguesa, para o Brasil, adquiridos por FARO EDITORIAL

Avenida Andrômeda, 885 – Sala 310
Alphaville – Barueri – SP – Brasil
CEP: 06473-000
www.faroeditorial.com.br

SUMÁRIO

Apresentação 9
Advertência do autor 13

Primeira Parte — A religião Revolucionária 15

**Capítulo 1 — O ponto de vista negativo
no estudo dos cultos revolucionários 17**
Os historiadores liberais 18
Os historiadores católicos 20

Capítulo 2 — Características do fato religioso 21
Definição de Durkheim 21
Outras características do fato religioso 23

Capítulo 3 — Da existência de uma religião revolucionária 25

**Capítulo 4 — O credo comum dos revolucionários e
sua origem na filosofia do século XVIII 27**
Oposição do ideal filosófico e do ideal cristão 28
A concepção do Estado entre os filósofos 29
A religião civil de Rousseau 29

Capítulo 5 — A fé revolucionária e suas primeiras manifestações 33
O legislador, sacerdote da felicidade social 33
A Declaração dos Direitos 34
A nova fé inspira preocupações entre o clero 37

Capítulo 6 — Caráter religioso da nova fé 39
Origem espontânea do juramento cívico 40
Continuidade da fé revolucionária 40

Capítulo 7 — O simbolismo revolucionário 43
A insígnia 44
Os altares da pátria 44
As árvores da liberdade 45
Outros símbolos 47

Capítulo 8 — O fanatismo revolucionário   49

Capítulo 9 — As práticas e as cerimônias   53
As federações   54

Capítulo 10 — Festas cívicas   61
Festas comemorativas   62
Festas políticas   66
Festas dos benfeitores e mártires da liberdade, festas fúnebres   67
Festas morais   72

Capítulo 11 — As orações e as canções patrióticas   75
Influência do teatro   75
Conclusão   77

**Segunda Parte — Como se deu a ruptura entre
a religião antiga e a nova?   79**

Capítulo 12 — O movimento anticlerical sob a Constituinte   81
Os patriotas e a reforma do catolicismo   81
Os sacerdotes reformistas e a questão do casamento dos padres   83
Campanha anticlerical   86
A religião da pátria considerada como um complemento à Constituição
Civil   92
Conclusão   95

Capítulo 13 — O movimento anticlerical sob a Legislativa   97
Outubro-dezembro de 1791   97
Discussão sobre os sacerdotes na Legislativa   100
Os resultados   114
Divisões entre os jacobinos   119
Progresso das ideias filosóficas   123
Os projetos de festas cívicas sob a Legislativa   128
10 de agosto e a descristianização   143
Conclusão   147

Notas   151

Dedico este ensaio ao sr. Antonin Debidour, inspetor geral da Instrução Pública, e ao sr. Gabriel Monod, mestre de conferências na Escola Normal, em testemunho de reconhecimento e de afeição.

CAEN, DEZEMBRO DE 1903.

APRESENTAÇÃO

Para quem acompanha o noticiário político e cultural, não pode deixar de causar espanto a imensa variabilidade de formas com que o movimento revolucionário se faz presente nele. Embora haja, por exemplo, uma relação de identidade, que não escapa nem a eles nem a seus adversários, entre os antigos trabalhistas e os novos progressistas, o cerne dos respectivos discursos é bem diferente. Se os revolucionários de ontem só falavam em neoliberalismo, reforma agrária, distribuição de renda e direitos do trabalhador, os de hoje concentram-se em machismo, racismo e outras questões de gênero. Os de ontem não escondiam o desejo de combater a "elite" que odiavam; os de hoje, falando em nome do "amor", não se envergonham de trabalhar com a elite e sequer de pertencer a ela, tentando antes "conscientizá-la" e cooptá-la (com imenso sucesso) do que destruí-la. Os de ontem consideravam-se porta-vozes do "trabalhador". Os de hoje não escondem a repulsa pelo trabalhador, que consideram fascista. Os de ontem eram populares entre pobretões; os de hoje são VIPs entre VIPs. Se é assim, o que é que pode haver de comum entre eles? Por que, a despeito de tantas diferenças, a cara de um indica o focinho do outro? Que unidade pode haver entre o trabalhador machão de ontem e o militante elitista de hoje que odeia os trabalhadores?

Albert Mathiez responde: É uma *unidade de culto*. "É por sua forma, e não por seu conteúdo, que se reconhecem os fenômenos religiosos",

FANATISMO IDEOLÓGICO: AS ORIGENS DOS CULTOS REVOLUCIONÁRIOS

observa Mathiez. Por maiores que sejam as diferenças de conteúdo discursivo entre o revolucionário que combatia o capitalismo com um fuzil e aquele que combate o machismo com um iPhone, a forma do culto que um e outro praticam é exatamente a mesma.

Que o movimento revolucionário é uma forma de culto, este livro mostra para além de qualquer dúvida. Ecoando o sociólogo Émile Durkheim (1858-1917), Mathiez explica que as noções de divindade e sobrenatural, que o senso comum considera características essenciais dos fenômenos religiosos, em verdade são secundárias. O que define esses fenômenos são "as crenças obrigatórias, bem como as práticas relativas aos objetos dados nessas crenças".

Quais são as crenças e práticas comuns dos revolucionários? Segundo Mathiez, todas elas derivam dos teóricos iluministas do século XVIII, principalmente Jean-Jacques Rousseau. Esses teóricos "se preocuparam muito com o que hoje chamamos de questão social. Todos construíram mais ou menos sua futura cidade, todos acreditaram na onipotência das *instituições* sobre a felicidade dos homens." Todos acreditavam "que basta mudar as leis para melhorar a sociedade e até regenerá-la". Em suma, *o homem pode melhorar sua condição indefinidamente, modificando o organismo social.* O organismo social pode e deve ser um instrumento de felicidade; de um instrumento de felicidade a um objeto de veneração, de adoração, há apenas um passo."

Não escapará ao leitor atento que essas crenças comuns não somente são o elo entre os revolucionários, mas também subjazem às camadas geológicas mais superficiais do discurso de alguns movimentos políticos contemporâneos que ninguém, à primeira vista, consideraria revolucionários. Talvez "felicidade" tenha significado diferente para o marxista aguerrido e o "guerreiro da justiça social", mas ambos acreditam que o Estado é um instrumento para alcançá-la, que basta mudar as leis para melhorar a sociedade, que as instituições têm soberania sobre a vida humana e que, por meio do organismo social, "o homem pode melhorar sua condição indefinidamente". Assim como acreditam os subversivos do *Black Lives Matter* e do Antifa, movimentos que pretendem transformar a sociedade norte-americana por meio do saque, do incêndio, do espancamento, do linchamento, da destruição e do caos. Mas alterar fundamentalmente o curso normal da vida humana em grau e profundidade jamais vistos para conter a propagação de um vírus não seria também crer que basta mudar as leis para melhorar a sociedade, que as instituições têm soberania sobre a vida humana e que, por meio do Estado, "o homem pode melhorar sua condição indefinidamente"? A unidade de culto revela as mais curiosas semelhanças entre rebeldes enfezadinhos e cientistas circunspectos. Revela também que, quando se trata do mundo atual, o buraco é sempre muito mais embaixo.

Deve estar claro, neste ponto, que o livro que você tem em mãos é uma lanterna na selva escura. Examinar os cultos da Revolução Francesa, *As origens dos cultos revolucionários* lança luz sobre toda a política contemporânea. É, pois, uma ferramenta indispensável para quem deseja compreender a era em que vive, saber do que fala e agir com propriedade. Depois de lê-lo, ninguém verá mais o mundo com os mesmos olhos.

EDUARDO LEVY,
tradutor e professor

Lenin, o líder da Revolução Russa

ADVERTÊNCIA DO AUTOR

Este texto não tem a pretensão de ser um trabalho definitivo. Tudo o que quis foi indicar uma orientação nova para o estudo dos cultos revolucionários. Apresentei uma tese, expus alguns argumentos, mas sou o primeiro a saber o quão incompleto e provisório é o esboço que tracei. No entanto, tal como está, talvez venha a ser objeto de discussão. A mim bastaria que essa discussão se transformasse, de alguma forma, em benefício da ciência histórica.

PRIMEIRA PARTE

A RELIGIÃO REVOLUCIONÁRIA

Ilustração da Queda da Bastilha

Gravura: A morte de Coriolano

CAPÍTULO 1

O PONTO DE VISTA NEGATIVO NO ESTUDO DOS CULTOS REVOLUCIONÁRIOS

Durante muito tempo, a maioria dos historiadores viu nos cultos revolucionários apenas construções artificiais, imaginadas pelos homens políticos, para atender à necessidade das circunstâncias. Mesmo aqueles que gostam de se proclamar discípulos dos homens de 1789 não costumam levar a sério essas tentativas e, subsequentemente, quase nunca se colocam do ponto de vista estritamente religioso para estudá-las e para julgá-las. O culto da Razão, o culto do Ser Supremo, a teofilantropia, o culto decadário para eles não passam de capítulos da história política da Revolução e de episódios da luta dos "patriotas" contra os partidários do antigo regime. Como essas pseudorreligiões desapareceram muito rapidamente, não é raro que elas sejam quase completamente ignoradas, ou, o que é pior, que seja dada a essas coisas efêmeras a esmola de uma menção desdenhosa tão só para que se divirtam à sua custa. O historiador é voluntariamente respeitoso com o que dura.

Os escritores católicos, por sua vez, não costumam se ocupar do assunto senão para descrever as perseguições das quais sua religião foi objeto e para erguer o martirológio de suas vítimas. Levados pelo seu zelo confessional, eles geralmente retêm da obra religiosa da Revolução apenas os detalhes mesquinhos e odiosos.

OS HISTORIADORES LIBERAIS

Entre os chamados historiadores liberais, Adolphe Thiers dedica dez linhas cheias de erros aos teofilantropos, "aqueles ridículos sectários que celebravam festas em homenagem a todas as virtudes, da coragem, da temperança, da caridade etc., e certos dias colocavam flores sobre os altares onde outros haviam celebrado a missa". Ele naturalmente aprova Bonaparte por ter posto fim a suas sacrílegas comédias. "Para os católicos sinceros", disse ele, "era uma profanação de edifícios religiosos que o senso comum e o respeito devido às crenças predominantes impunham fazer cessar".[1]

Edgar Quinet, com cruel ironia, associa a audácia de Lutero com a timidez de Danton e de Robespierre. Ele nega aos fundadores dos cultos revolucionários o profundo sentimento religioso que animava, se acreditarmos, os reformados do século XVI. Ele obscurece o culto da Razão, essa religião de ator, inventada por Jacques Hébert, comerciante de contramarcas. É preciso ouvi-lo zombando friamente da rotina clássica, da frivolidade mental desses revolucionários que se imaginavam enterrando os velhos cultos com a canção de Marlborough, desses terroristas que hesitam em empregar a violência contra o catolicismo e, finalmente, salvar a contrarrevolução com seu pusilânime decreto de 18 de frimário! "Naquele dia", exclama ele, amargo e triunfante, "eles fizeram mais pela religião antiga do que São Domingos e Torquemada"![2]

Indo mais longe do que Quinet, seu correligionário, Edmond de Pressensé, por sua vez, lança seus traços mais nítidos contra os cultos revolucionários e especialmente contra a teofilantropia, "comédia lamentável", "pastoral estúpida".[3]

Jules Michelet, é verdade, dedica belas páginas líricas às Federações, que ele considera com razão como a primeira manifestação de uma nova fé. Melhor do que qualquer outro, ele suspeitou do caráter religioso das grandes cenas da Revolução. Mas apenas suspeitou. A continuidade da religião revolucionária lhe escapa. Ele também acredita que os diferentes cultos, que foram sua manifestação exterior, foram imaginados de todas as formas por políticos desajeitados, infinitamente incapazes de criação.[4]

Émile Gachon[5] é, talvez, um dos que melhor entenderam o que havia de nobre e sério nas tentativas dos revolucionários de fundar uma religião cívica. Mas ele parecia ser guiado em seu livro (um simples resumo de uma parte da *Histoire des Sectes Religieuses*, de Henri Grégoire) mais pela preocupação com os interesses do protestantismo do que pelo mero desejo de fazer um trabalho histórico. Ele tampouco percebe o verdadeiro caráter da religião revolucionária, cuja teofilantropia, como o culto da Razão ou o culto do Ser Supremo, era apenas uma das formas temporárias.

Não é Alphonse Aulard, o último e o primeiro historiador do culto da Razão e do culto do Ser Supremo, que se pode culpar por ter se deixado levar por uma preocupação diferente daquela da verdade. Ele bem viu a importância histórica dos cultos revolucionários, uma vez que não hesitou em escrever que o movimento do qual eles nasceram é um "dos mais curiosos da história da França e da humanidade".[6] Ele vê ali:

> (...) não apenas uma tentativa filosófica e religiosa, sem raízes no passado da França e sem conexão com os eventos, não uma violência feita à história e à raça, mas a consequência necessária e um tanto política do estado de guerra em que a resistência do antigo regime contra o novo espírito lançou a Revolução.

Em outras palavras, ele pensa que nossos pais:

> (...) entronizando a deusa da Razão em Notre-Dame ou glorificando o deus de Rousseau no Campo de Marte, se propunham, sobretudo, a um objetivo *político* e, na maioria das vezes, só buscavam, nessas empreitadas contra a religião hereditária, como aliás em suas outras violências de atitude ou de palavra, um expediente de defesa nacional.[7]

Eis, portanto, a acentuada continuidade entre cultos revolucionários, que emanariam todos da mesma aspiração, de uma mesma necessidade, o amor à pátria. Com essa explicação, o essencial nessas tentativas religiosas não é mais a luta contra a Igreja, mas a defesa da nova França. Nesse ponto, concordo plenamente com Aulard, mas acredito que falta mais um passo a ser dado, que o movimento do qual o culto da Razão surgiu deve estar ligado à grande corrente das Federações e que é possível determinar de maneira mais precisa o que há de essencial e de comum em todos os cultos revolucionários. Sim, é o amor à pátria que é a parte viva da religião revolucionária, Aulard tem razão em proclamá-lo, mas um amor pela pátria entendido de maneira muito ampla, um amor pela pátria que engloba com o solo nacional a própria instituição política.

OS HISTORIADORES CATÓLICOS

Para escritores católicos, é o ódio e não o amor que deu origem aos cultos revolucionários, o ódio feroz à Igreja católica.

Grégoire, em sua confusa mas preciosa *Histoire des Sectes Religieuses*, mal distingue entre as invenções de Hébert, Robespierre, La Revellière-Lépeaux; ele mistura os períodos, classifica arbitrariamente os fatos, querendo apenas destacar a violência da "perseguição".

Jules Sauzay, em sua grande *Histoire de la persécution révolutionnaire dans le Doubs*, tão solidamente documentada, e Ludovic Sciout, em seus vários trabalhos, não são animados por outro espírito.

O abade Sicard é o primeiro dos escritores católicos a entrar um pouco profundamente no estudo da religião revolucionária e, nesse sentido, seu livro *A la recherche d'une religion civile*[8] merece nossa atenção. Sem dúvida, Sicard muitas vezes confunde as épocas, generaliza e sistematiza, mas ele claramente marcou toda a importância que tiveram até o fim as festas cívicas, as "instituições", aos olhos dos revolucionários de todos os partidos, e mostrou, com grande força, que o objetivo que eles se propunham não era tanto destruir o catolicismo, mas substituí-lo; que eles tiveram a ambição de regenerar a alma francesa, de refundi-la, através de instituições, em um molde novo. Não sem inteligência, ele tentou analisar esse ideal comum a todos os revolucionários, determinar os dogmas da religião civil que eles se esforçavam em instituir, descrever seus ritos, suas cerimônias e seus símbolos. Mas, se ele destacou claramente o lado positivo da religião revolucionária, também o considerou como uma criação artificial das políticas. Ele não viu nem sua origem espontânea, nem seu caráter místico, nem sua vida própria. Em uma palavra, a religião revolucionária não é, aos olhos dele, realmente uma religião.

CAPÍTULO 2

CARACTERÍSTICAS DO FATO RELIGIOSO

DEFINIÇÃO DE DURKHEIM

Então, o que é uma religião?[1] Por quais sinais reconhecemos os fenômenos religiosos e os encontramos nas várias manifestações da fé revolucionária?

Em um notável livro de memórias publicado no *Année sociologique*,[2] David Émile Durkheim definiu de maneira muito original e com argumentos muito sólidos, em minha opinião, o que deve ser entendido por religião e por fatos religiosos.

A ideia do sobrenatural, ele explica em primeiro lugar, a crença em Deus não teve nas manifestações da vida religiosa o papel preponderante que geralmente lhe é concedido. Há, de fato, religiões como o budismo e o jainismo que oferecem aos homens um ideal totalmente humano. A ideia de Deus é banida de seus dogmas essenciais. Nos cultos totêmicos, o objeto de adoração é uma espécie animal ou vegetal. Nos cultos agrários, é sobre uma coisa material, sobre a vegetação, por exemplo, que a ação religiosa é exercida diretamente, sem a intervenção de um princípio intermediário ou superior. Durkheim tira desses fatos a conclusão de que "longe de ser o que há de fundamental na vida religiosa, a noção de divindade é, na realidade, apenas um episódio secundário".[3]

É por sua forma, e não por seu conteúdo, que se reconhecem os fenômenos religiosos. Não importa o objeto sobre o qual eles se aplicam, que esse objeto seja uma coisa, uma noção do espírito, uma aspiração sobrenatural, "chamam-se fenômenos religiosos as crenças obrigatórias, bem como as práticas relativas aos objetos dados nessas crenças".[4] A crença obrigatória para todos os membros do grupo é a primeira característica do fato religioso; as práticas externas também obrigatórias ou de culto são a segunda.

> As crenças comuns de todos os tipos, relacionadas a objetos aparentemente laicos, tais quais a bandeira, a pátria, tal forma de organização política, tal herói ou tal evento histórico etc., são obrigatórias em algum sentido, e somente por isso elas são comuns, pois a comunidade não tolera negá-las abertamente sem resistência (...) Elas são até certo ponto indistinguíveis das crenças estritamente religiosas. A pátria, a Revolução Francesa, Joana d'Arc são para nós *coisas sagradas*, que não permitimos que sejam tocadas.[5]

É verdade que, para formar uma religião verdadeira, essas crenças obrigatórias deverão estar estreitamente ligadas às práticas regulares correspondentes.

Assim, Durkheim considera a religião como um fato social que não tem nada de misterioso. O fato religioso é de todos os tempos e de todas as civilizações. Manifesta-se nas sociedades aparentemente mais incrédulas e irreligiosas. Ele se origina não de sentimentos individuais, mas de estados da alma coletiva, e varia como esses estados.[6] Sendo essencialmente humano, o fato religioso é eterno. Durará enquanto houver homens. É a sociedade que prescreve ao fiel os dogmas nos quais ele deve acreditar e os ritos que deve observar: "Ritos e dogmas são sua obra."[7] A noção do sagrado é de origem social. Ao estudá-lo de perto, vê-se que é "apenas uma extensão das instituições públicas".[8]

OUTRAS CARACTERÍSTICAS DO FATO RELIGIOSO

A essa definição, que faço minha, acrescentarei alguns traços. O fenômeno religioso é sempre acompanhado, durante seu período de formação, por uma superexcitação geral da sensibilidade, por um forte apetite pela felicidade. Quase imediatamente também, as crenças religiosas se concretizam em objetos materiais, em símbolos, que são, ao mesmo tempo, sinais de identificação para os crentes e espécies de talismãs, nos quais eles depositam suas esperanças mais íntimas e para os quais, portanto, não aceitam o desprezo ou o desconhecimento. Muitas vezes, ainda assim, os crentes, especialmente os neófitos, são animados por uma raiva destrutiva contra os símbolos de outros cultos. Muitas vezes, finalmente, eles rejeitam, quando podem, todos aqueles que não compartilham sua fé, que não adoram seus símbolos, e os atingem, por esse crime único, com penas especiais: eles os expulsam do lugar comunitário de que fazem parte.

A reunião dos deputados da Assembleia Nacional, durante a assinatura do juramento Tennis Court, em Versalhes

CAPÍTULO 3

DA EXISTÊNCIA DE UMA RELIGIÃO REVOLUCIONÁRIA

Se eu demonstrar que os revolucionários, que os "patriotas", como gostavam de ser chamados, tiveram, apesar de suas divergências, um fundo de crenças comuns, que simbolizaram suas crenças em sinais de convergência para os quais eles professaram uma verdadeira piedade, que tiveram práticas de cerimônias comuns nas quais gostavam de se reunir para manifestar uma fé comum, que quiseram impor suas crenças e seus símbolos a todos os outros franceses, que foram animados por uma fúria fanática contra tudo o que lembrava as crenças, os símbolos, as instituições que eles queriam remover e substituir — se eu mostrasse tudo isso, não teria eu o direito de concluir que existiu uma religião revolucionária, análoga em essência a todas as outras religiões? E, se assim for, como continuar vendo nos cultos revolucionários meras construções artificiais, expedientes improvisados, instrumentos efêmeros a serviço dos partidos políticos?

A despeito do que Edgar Quinet tenha dito, proponho-me a fazer ver especificamente que, para a sinceridade religiosa, para a exaltação mística, para a audácia criativa, os homens da Revolução de maneira alguma cedem aos homens da Reforma, e que essas duas grandes crises, Reforma e Revolução, não são uma social e a outra religiosa; que são ambas sociais e religiosas no mesmo grau.

Mas viria imediatamente a objeção de que os cultos protestantes ainda existem, enquanto os cultos revolucionários desapareceram.

A isso respondo desde já que a religião revolucionária não está tão extinta como se imagina, que os cultos revolucionários poderiam muito bem renascer um dia, sob novas formas, e também que o fracasso religioso da Revolução não pode tirar dela o caráter religioso. Também a Reforma, antes de ter sucesso, não falhou várias vezes com Petrus Valdès, Jan Hus e John Wicliff?

CAPÍTULO 4

O CREDO COMUM DOS REVOLUCIONÁRIOS E SUA ORIGEM NA FILOSOFIA DO SÉCULO XVIII

Por mais diferentes que tenham sido uns dos outros e qualquer que seja a distância que separa um Robespierre de um Chaumette, um Danton de um Boissy d'Anglas, os revolucionários não têm vivido menos sobre um fundo de ideias e de crenças, sobre um formulário; num credo mais ou menos inconsciente, que é fácil encontrar em todos padrões quase idênticos. Os princípios últimos de seus julgamentos em política e em religião, as tendências diretrizes de sua mente, as grandes linhas do ideal que eles sonharam, tudo isso veio diretamente da filosofia do século XVIII. E sei muito bem que os próprios filósofos não se concertaram ou ouviram um ao outro sobre um programa preciso, e tomo cuidado para não ignorar suas divergências, às vezes profundas, mas não deixa de ser verdade que, se os observarmos atentamente, emergirá de seus vários trabalhos um ensino comum, emergirão aspirações comuns.

Todos se preocuparam muito com o que hoje chamamos de questão social. Todos construíram mais ou menos sua futura cidade, todos acreditaram na onipotência das *instituições* sobre a felicidade dos homens. Mais do que ninguém, Montesquieu tem o sentimento da grandeza da organização social, de que ele deduz a origem da moral. Ele acredita que basta mudar as leis para melhorar a sociedade e até regenerá-la. Os enciclopedistas não pensam o contrário. Eles esperam das leis a reforma e a ordenação dos costumes. Ao ouvi-los, há muito menos diferenças entre os homens do que se poderia pensar, e essas diferenças podem ser cada vez mais reduzidas pela educação. J. J. Rousseau afirma o direito, novo e até inédito, do Estado de distribuir a educação pública. Pelas leis, por um lado, pela educação, por outro, o progresso é possível e o caminho para a felicidade está no fim. Ora, a felicidade é o objetivo da associação política.

Esta é a grande ideia essencial da filosofia do século XVIII: *o homem pode melhorar sua condição indefinidamente, modificando o organismo social.* O organismo social pode e deve ser um instrumento de felicidade; de um instrumento de felicidade a um objeto de veneração, de adoração, há apenas um passo.

OPOSIÇÃO DO IDEAL FILOSÓFICO E DO IDEAL CRISTÃO

Tal concepção não poderia deixar de um dia estar em desacordo com o velho ideal cristão. Para o cristão, de fato, a vida terrena é apenas um vale de lágrimas, no qual não se pode provar a verdadeira felicidade, que Deus reserva no outro mundo para seus escolhidos. Para o cristão, o instrumento da felicidade não pode ser a instituição social, "meu reino não é deste mundo"; o instrumento da felicidade é a instituição religiosa; é a Igreja, intermediária e porta-voz da divindade; a Igreja, que sozinha possui as receitas sagradas para alcançar o poder sobrenatural; a Igreja, que revela os mistérios sagrados, distribui os sacramentos, reconcilia a criatura e o criador, abre ou fecha o caminho das bem-aventuranças supremas. Ora, eis que uma nova doutrina ensina que a busca pela felicidade é uma obra humana; que essa felicidade pode ser obtida não mais por orações, mortificações, intercessões milagrosas, mas por votos, deliberações, leis!

Sem dúvida, a nova concepção não abole completamente a antiga. Ao lado da busca pela felicidade presente, ainda há espaço para a busca da felicidade futura. No começo, pelo menos, a religião revolucionária contava com cristãos sinceros entre seus fiéis. Entretanto, através da interação dos eventos, as duas religiões parecem incompatíveis: que o clero da antiga se meta no caminho da obra dos fundadores do novo, e então se fará a cisão. Os franceses se dividirão em dois campos, e os dois cultos se tratarão como inimigos.

A CONCEPÇÃO DO ESTADO ENTRE OS FILÓSOFOS

Inovadores em muitos aspectos, os filósofos continuaram sendo homens do seu tempo, homens do antigo regime. Como todos os franceses da época, eles têm a paixão pela unidade. Eles vivem no meio de uma sociedade que permaneceu harmônica pelo menos nos seus princípios. Veem a seu redor que a instituição política e a instituição religiosa se prestam apoio mútuo, que o trono está encostado no altar.

Se percebem isso mais ou menos claramente, eles constroem sua futura cidade com os elementos da cidade atual. Partidários resolutos da tolerância religiosa, da liberdade de todos os cultos, eles não concebem, no entanto, um Estado que se desinteressaria das religiões, um Estado sem religião, um Estado neutro e secular. Se eles são tolerantes, não é por pura indiferença religiosa; é porque eles estão convencidos, a maioria, da identidade fundamental de todas as religiões, é porque eles estimam que todas as religiões sejam iguais, todas ensinando a mesma moral. Esse terreno comum das religiões o Estado deve velar para que não seja afetado. O Estado é visto pelos filósofos como o guardião supremo da moral e da religião. E é justamente por isso, porque o Estado tem uma missão moral a cumprir, que os filósofos se sentem à vontade para subordinar-lhe as religiões e entregar-lhe um direito sobre elas. "Parece-me que o Estado", diz o abade Raynal, "não é feito para a religião, mas a religião é feita para o Estado". E em outro trecho: "Quando o Estado se pronuncia, a Igreja não tem mais nada a dizer."[1]

A RELIGIÃO CIVIL DE ROUSSEAU

No fundo, todos os filósofos concordam com essa concepção do Estado;[2] mas nenhum deles o expôs de maneira mais precisa e mais sistemática do que Jean-Jacques em seu *Contrato Social*. Para Rousseau, o Estado deve acima de tudo ser uma pessoa moral. O Contrato que lhe dá existência, é *santo*. Santo não no sentido apenas de "obrigatório e imperativo",[3] mas de digno de um respeito religioso como algo capaz de fazer o bem para a humanidade.

Pessoa jurídica, o Estado tem deveres morais a cumprir. O primeiro de seus deveres é justamente preparar a felicidade de seus membros, a felicidade em todos os sentidos da palavra. A finalidade do Estado é o *bem comum*.[4] O Estado é matéria e instrumento de felicidade, como a religião. Seu contrato constitutivo é santo por definição, porque, se esse contrato não fosse santo, ou seja, em conformidade com a lei moral, expressão definitiva da felicidade comum, não poderia dar à luz um verdadeiro Estado, um Estado legítimo, uma pessoa moral.

Como o Estado cumprirá sua missão moral e providencial? Pela lei. A lei é o meio pelo qual o Estado persegue seu fim, que é a felicidade comum. A lei é, por definição, a expressão da vontade geral, que é ela mesma idêntica ao interesse geral. Os homens, por serem corruptos, são incapazes de entender seu verdadeiro interesse e, consequentemente, de ter uma vontade geral em conformidade com o bem comum; portanto, de fazerem a própria lei. Recorreremos, assim, a homens elevados por sua inteligência e moralidade acima da humanidade, a *legisladores* que prepararão em meditação o Contrato Social, a Constituição ideal, a Lei. "Seriam necessários deuses para dar leis aos homens" (livro II, cap. VII). "Quem se atreve a estabelecer um povo deve sentir-se capaz de mudar a natureza humana, por assim dizer." (ibid.) O legislador proporá a lei ao povo como Moisés a propôs aos hebreus (como Rousseau a propôs aos poloneses e aos corsos). Essa Lei terá em si uma força tão persuasiva que será não apenas adotada pelo povo, mas venerada por ele, se não como um dom sobrenatural, pelo menos como a expressão "de uma razão sublime".

Não existe lugar em tal concepção do Estado para religiões particulares. Rousseau lamenta a separação do sistema político do sistema religioso, resultado do triunfo do cristianismo (livro IV, cap. III).

Como Hobbes, ele quer "reunir as duas cabeças da águia e trazer tudo de volta à unidade política, sem a qual o Estado ou o governo nunca serão bem constituídos". Os saint-simonenses[5] e Auguste Comte sonharão o mesmo sonho.

Mas como, na prática, suprimir a oposição dos dois reinos, do espiritual e do temporal, e devolver ao Estado as atribuições morais das quais a Igreja o despojou? Rousseau responde: pela religião civil. Não é de todo constituir do zero uma nova religião. Nem um pouco.

A religião civil de Rousseau não é para ser criada. Ela sempre existiu, ela é tão antiga quanto o próprio homem, é a base comum de todas as religiões, de todas as sociedades. Uma sociedade não pode viver sem um mínimo de postulados aceitos como de instinto por todos os seus membros, e essa é, a propósito, uma visão muito profunda. Para estabelecer a religião civil que dará ao Estado a força moral que lhe é necessária, o legislador terá de se libertar de uma massa de superstições e de preconceitos estes poucos postulados simples e incontestáveis que encontramos na base da humanidade: "A existência da Divindade poderosa, inteligente, benéfica, providente e provedora, a vida futura, a felicidade dos justos, o castigo dos ímpios, a santidade do contrato social e das leis."

Rousseau espera muito — sem que ele o diga abertamente — que essa religião civil ou natural suplante, aos poucos, as religiões positivas, todas incivis, tornando-as inúteis. Seu Estado é ao mesmo tempo religioso pela missão moral, que é sua razão de ser, e antirreligioso pela sua ação necessária, embora tolerante com os cultos antigos, que são obstáculos para o cumprimento de sua missão.

Se essa interpretação do Contrato é válida, parece-me que entendemos melhor o lugar da religião civil no sistema como um todo. A lei é a vontade geral, diz Rousseau, mas para que a lei seja realmente a vontade geral, para que não oprima os indivíduos, é necessário que ela seja tanto quanto possível aceita por todos eles livre e deliberadamente. Como poderá ser se não houver acordo prévio entre eles sobre os próprios princípios da sociedade? Tudo logicamente se encaixa nessa concepção. Afaste a religião civil do Estado de Rousseau e você lhe retira a possibilidade de ser.

Essa concepção do Estado nem era original nem singular em sua época. Todos os filósofos do século XVIII a admitiram implicitamente. Todos creram que a lei podia e devia ser um instrumento de felicidade, todos proclamaram que o Estado tinha uma missão moral a cumprir.

Com que direito eles teriam colocado a Igreja sob a vigilância do Estado se não tivessem lhe atribuído um ideal superior?

Os revolucionários não aplicaram senão em suas constituições e suas leis esses dados teóricos que, sem serem particulares a Rousseau, não foram por ninguém formulados com tanto rigor. A instituição de seus cultos cívicos será apenas a realização imprevista e quase inconsciente, depois desejada e sistemática, do último capítulo do *Contrato Social*.

CAPÍTULO 5

A FÉ REVOLUCIONÁRIA E SUAS PRIMEIRAS MANIFESTAÇÕES

A convocação dos Estados Gerais deu às doutrinas dos filósofos, que flutuavam no ar, a oportunidade de entrar na prática, de passar pelo teste dos fatos, e as transformou aos poucos de meras visões da realidade que elas ainda eram em verdadeiras crenças religiosas.

No início de 1789, parece que os franceses, vítimas de um entusiasmo febril, viviam na expectativa de um milagre que iria mudar a face da Terra. Os deputados, que eles enviaram para os Estados Gerais, seriam os arquitetos desse milagre. Eles receberam a missão de operar a *regeneração*, não apenas de seus concidadãos, mas de toda a espécie humana. Essa palavra, *regeneração*, se repete constantemente em todos os documentos da época, sob a pena tanto dos mais sábios quanto dos mais ignorantes, e particularmente nas centenas de discursos na Assembleia Nacional.

O LEGISLADOR, SACERDOTE DA FELICIDADE SOCIAL

Os primeiros atos dos "legisladores", como são chamados esses sacerdotes da felicidade social, sua resistência aos projetos dos aristocratas, apenas justificam e aumentam a confiança mística que as pessoas colocaram neles. Para aqueles deles, mesmo os mais humildes, que morrem, homenagens fúnebres são prestadas.[1] Os simples se esforçam para procurar os meios

FANATISMO IDEOLÓGICO: AS ORIGENS DOS CULTOS REVOLUCIONÁRIOS

mais adequados para lhes testemunhar reconhecimento e admiração universais.[2] Sua pessoa é cercada por uma veneração ingênua. Por vezes, os representantes obscuros serão objeto de uma idolatria que se dirigirá menos a sua pessoa do que ao caráter de que estavam revestidos. O Convencional Du Roy escrevera de Saint-Dizier ao Comitê de Segurança Pública, em 25 de fevereiro de 1794: "Vi um fanatismo de outro tipo, mas que não me desagradou; algumas mulheres corriam em minha direção para tocar minhas roupas e se retiravam felizes."[3]

A DECLARAÇÃO DOS DIREITOS

Para uma nova fé, é preciso um novo credo. O Terceiro Estado de Paris já havia proposto em seu caderno uma Declaração dos Direitos: "Em toda sociedade política, todos os homens são iguais em direitos. Todo o poder emana da nação e só pode ser exercido por sua *felicidade*."[4] A Assembleia Nacional redigiu e impôs a todos os franceses esse formulário religioso exigido pelo Terceiro Estado de Paris. Nele, encontramos, de forma breve e concisa, a base do pensamento dos filósofos.

Lendo o relatório dos debates, é manifesto que os legisladores levavam totalmente a sério seu papel de sacerdotes da felicidade pública e entende-se melhor a famosa frase de Armand-Gaston Camus: "Temos certamente o poder de mudar a religião."[5] Isso significava que nenhum obstáculo, mesmo dos mais respeitáveis, deveria impedir os apóstolos do novo evangelho de cumprir sua missão providencial.

Ouçamos os oradores que se sucedem na tribuna, neste grande debate sobre a Declaração dos Direitos.[6] Em 27 de julho, Clermont-Tonnerre afirma repetidamente no seu projeto o dever do Estado de fazer a felicidade de seus cidadãos.

> Art. I. Todos os homens têm uma inclinação invencível para a busca da felicidade; é para conseguir isso pela união de seus esforços que eles formaram sociedades e estabeleceram governos. Todo governo deve, portanto, ter por objetivo a felicidade pública.

Art. IX. O governo, para assegurar a felicidade geral, deve proteger os direitos e prescrever os deveres.

Em 1º de agosto, o conde Mathieu de Montmoreney proclama os direitos humanos "invariáveis como a justiça, eternos como a razão". "A verdade", ele acrescenta, "leva à felicidade". Target[7] pergunta: "Qual é o objetivo da Constituição?" E responde: "É a organização do Estado." "Qual é a finalidade?" "A felicidade pública." E ele define essa felicidade pública como a felicidade natural de todos os cidadãos pelo "exercício pleno, completo e livre de todos os seus direitos".

Grandin afirma que "uma Declaração dos Direitos é como um tratado moral".

Antoine Barnave deseja que ela se torne "o catecismo nacional".

Na noite de 3 de agosto, um pároco, que não foi nomeado, falou da Constituição como algo sagrado:

> Vocês, finalmente, vão preparar uma nova Constituição para um dos maiores impérios do Universo; vocês querem mostrar essa divindade tutelar, a cujos pés os habitantes da França vêm para expor seus medos e seus desesperos. Vocês dirão a eles: "Este é o vosso deus, adorem-no."

Em 14 de agosto, Mirabeau traduz com belas palavras as esperanças comuns da nova fé:

> Cada progresso da Constituição dos grandes Estados, em suas leis e em seu governo, aumenta a razão e a perfectibilidade humana. Será devido a você este período feliz, quando tudo tomando o seu lugar, a forma, os relacionamentos que lhe são atribuídos pela natureza imutável das coisas, a liberdade geral banirá do mundo todas as absurdas opressões que afligem homens, os preconceitos da ignorância e a ganância que os dividem, os ciúmes insensatos que atormentam as nações, e fará renascer uma fraternidade universal sem a qual todos os benefícios públicos e individuais são tão duvidosos e tão precários. É para nós, é para nossos netos, é

> para o mundo todo que vocês trabalham, e vocês caminharão a passos firmes e comedidos em direção a esse grande trabalho (...) Os povos admirarão a calma e a maturidade de suas deliberações, e a raça humana os contará entre seus benfeitores.

Jean-Paul Rabaut Saint-Étienne finalmente dirá, em 18 de agosto, que é preciso que a Declaração se torne "o alfabeto das crianças": "É com uma educação tão patriótica que nasceria uma raça de homens fortes e vigorosos que saberiam defender bem a liberdade que nós conquistaríamos para eles."

É necessário lembrar que o preâmbulo da Declaração começa com "A ignorância, o esquecimento ou o desprezo pelos direitos humanos são as únicas causas de infortúnios públicos e da corrupção dos governos", e que o artigo II contém a frase: "O objetivo de qualquer associação política é a conservação dos direitos naturais e imprescritíveis do homem", direitos cujo exercício, como disse Target, constitui a felicidade social?

Existe, portanto, em resumo, uma fé política, cujos principais dogmas foram ensinados pelos filósofos: o Estado pode e deve garantir a felicidade social. A lei, obra dos legisladores, é o instrumento dessa felicidade. Como tal, ela tem direito a todo o respeito. É uma espécie de talismã protetor que não se pode venerar em demasia.

> O povo não deve somente observar a lei — ele deve adorá-la. O patriotismo é de fato apenas um sacrifício perpétuo à lei; em uma palavra, enquanto o nome da lei não for tão sagrado quanto o dos altares e tão poderoso quanto o dos exércitos, nossa salvação será incerta, e nossa liberdade, vacilante.[8]

"O Evangelho fundou a religião das consciências", especifica Gilbert Romme, "a Lei é a religião do Estado, que também deve ter seus ministros, seus apóstolos, seus altares e suas escolas".[9] "A Lei é meu Deus, não conheço outro!", exclama o impetuoso Maximin Isnard na tribuna da Legislativa.[10] "O primeiro dos cultos é a Lei", repete Pierre Louis Manuel.[11]

A NOVA FÉ INSPIRA PREOCUPAÇÕES ENTRE O CLERO

Embora inicialmente levado pelo entusiasmo geral, o clero sentiu de modo confuso que a nova fé poderia muito bem, em pouco tempo, vir a ser uma inimiga ou, pelo menos, uma rival da antiga fé. Na reunião de 3 de agosto de 1789, o bispo de Chartres manifestou o temor de que a Declaração despertasse egoísmo e orgulho no coração dos franceses e pediu que fosse precedida por "algumas ideias religiosas nobremente expressas". "A religião não deve, é verdade, ser incluída nas leis políticas, mas não deve ser estranha a elas." O padre Grégoire, por sua vez, veio implorar em 18 de agosto a causa da Divindade. A Assembleia, pelo jeito, não pareceu se importar o suficiente com os direitos da religião. E ninguém prestou atenção a essas preocupações.

CAPÍTULO 6

CARÁTER RELIGIOSO DA NOVA FÉ

Para que uma crença, comum ao mesmo grupo de homens, tenha o caráter de crença religiosa é necessário que ela se imponha obrigatoriamente a todos os membros do grupo. É uma das regras que colocamos em nossa definição desde o início. Ora, as verdades formuladas na Declaração dos Direitos são dadas por verdades obrigatórias. A Constituição de 1791 estipula que, para ser um cidadão ativo, é necessário prestar o *juramento cívico*, ou seja, aderir da maneira mais solene à nova instituição política, à Constituição, da qual a Declaração dos Direitos é a parte dogmática.[1] Aqueles que se recusam a jurar o credo político são, portanto, excluídos da comunidade, atingidos pela excomunhão civil. Por outro lado, um estrangeiro pode entrar na pátria francesa, admitido no culto da nova religião, com a única condição de estabelecer seu domicílio na França e prestar o juramento cívico. Em contrapartida, o Conselho Legislativo concederá o título de cidadão francês a Schiller, a Thomas Paine, a David Williams e outros para recompensá-los por terem trabalhado, fora da França, no esforço de regeneração. Antes, a pedido de Anacharsis Cloots, um grupo de estrangeiros havia participado da festa da Federação. Desde o início, a nova fé era universal, internacional, uma fé verdadeira.

ORIGEM ESPONTÂNEA DO JURAMENTO CÍVICO

Não é indiferente notar que a obrigação do juramento cívico não foi imposta aos franceses por uma autoridade de alguma forma externa a eles; que, se mais tarde se tornou lei de um partido, foi, em princípio, aceito com alegria, desejado em toda parte, e teve origem social. É espontaneamente, sem premeditação ou ordem de qualquer espécie, mas com livre entusiasmo, que os franceses juram, durante as Federações, "respeito e submissão sem limites à Constituição", que se comprometem a "apoiar os decretos da Assembleia, mesmo arriscando sua vida", "manter os direitos do homem e do cidadão", "viver livre ou morrer".[2] Repetir esse juramento nada custa ao povo, pelo contrário! Parece que ele tem prazer em renovar em todas as ocasiões esse ato de comunhão mística com a pátria. No dia 8 de fevereiro de 1790, em Paris, no momento em que as instituições e as autoridades juram permanecer fiéis à nação, à lei e ao rei e manter a Constituição, mulheres, crianças, trabalhadores, criados, acorrendo em multidões, colocam uma alegria infantil ao repetir a fórmula mágica. "As pessoas", publicou o *Moniteur*,[3] "estavam bêbadas de alegria por terem deixado a escravidão havia dois dias".

Em Rouen, durante uma cerimônia semelhante, toda a cidade se ilumina inesperadamente. Cenas desse tipo foram numerosas.

CONTINUIDADE DA FÉ REVOLUCIONÁRIA

Essa origem social do juramento cívico termina de imprimir à fé revolucionária o caráter de fé religiosa. Não é sobre uma revelação e alguns mistérios, como na maioria das religiões positivas; sobre a vegetação, como nas culturas agrícolas; sobre uma espécie animal, como em cultos totêmicos; mas sobre a própria instituição política em que essa nova fé se aplica — e isso a distingue de todas as outras. Ligada à instituição política, essa fé sofrerá as mesmas flutuações do objeto ao qual ela se aplica. Quando as leis, ou os legisladores, são populares, quando se espera muito de sua intervenção, a fé revolucionária é muito forte, como no tempo da Federação, como nos grandes perigos de 1793. No entanto, se a instituição política parece falhar em suas promessas, se os legisladores se mostram incapazes ou corruptos, como no Diretório, a fé revolucionária enfraquece e se desvia. Porém, até o fim essa fé permanece idêntica em sua essência. As Declarações dos Direitos de 1793 e do ano III não diferem essencialmente da de 1791. Todas as três são baseadas no mesmo conceito de Estado-Providência. Todas as três também consideram os direitos políticos como uma extensão dos direitos naturais. A tendência moral é apenas mais forte no ano III do que nos outros dois.

Durante todo o curso da Revolução, os legisladores, esses "primeiros órgãos das leis da natureza", mantêm a mais alta ideia de suas funções. Em 21 de setembro de 1792, Manuel afirma:

> Representantes do povo, a missão da qual vocês estão encarregados exigiria tanto o poder quanto a sabedoria dos deuses. Quando Cinéas entrou no Senado de Roma pensou ter visto uma assembleia de reis. Tal comparação seria um insulto para vocês. Devemos ver aqui *uma assembleia de filósofos, ocupados, preparando a felicidade do mundo.*[4]

"Nossa missão é grande, é sublime", acrescentou Georges Couthon na mesma sessão. O local das sessões da Assembleia é comumente chamado de "templo da Constituição", e a expressão não é apenas uma perífrase pomposa. Imprimia-se em livretos de pequeno formato o texto da Constituição, para que todos pudessem carregá-lo consigo, como um breviário ou um livro sagrado. Na primeira sessão do Conselho Legislativo, doze idosos foram em procissão buscar o livro da Constituição. Eles voltaram, liderados pelo arquivista Camus, que o carregava lentamente, segurando-o com as duas mãos e apoiado no peito, o novo Santíssimo Sacramento dos franceses. Todos os deputados se levantaram e se descobriram. Camus manteve os olhos baixos, o ar recolhido.

No ano III, novamente, quando a fé revolucionária já havia caído, o deputado Rouzet definia nestes termos o estado de espírito dos autores da primeira Declaração dos Direitos:

> A Assembleia Constituinte achou necessário garantir sua obra pelo estabelecimento de uma espécie de *culto político* que mantém na Alma dos regenerados a ansiedade inseparável de todas as grandes paixões e à mesa dos Direitos do homem o talismã com o qual ela se comprometeu a preservar o fogo sagrado que tão facilmente ela acendeu.[5]

Não se poderia caracterizar melhor esse *culto político*, impreciso, a princípio, e inconsciente, que nasceu com a Revolução e que depois fica nítido, se amplia e se exterioriza nos cultos revolucionários propriamente ditos.

Até o final da Revolução, a prática de juramentos cívicos continuou estritamente obrigatória. Assim, o cidadão testemunhou sua adesão aos dogmas necessários à vida da sociedade e ao bom funcionamento das instituições, consideradas sagradas. Desse modo, o magistrado prometeu dedicar-se inteiramente à felicidade comum. Portanto, foram divididos os bons e os maus, os fiéis e os leigos, estes incapacitados, tratados como suspeitos, culpados, sacrílegos. Foi através de um juramento que a Assembleia Nacional se formou em 20 de junho de 1789; foi através de um juramento que a Convenção abriu sua primeira sessão, e também que terminou a insurreição de 10 de agosto e que começou a de 31 de maio. Foi por juramentos que, na época do Diretório, os patriotas acreditaram travar a reação monarquista e despertar a fé política.[6] Os funcionários que recusavam o juramento foram considerados inimigos do Estado, rebeldes às leis. O deputado Delleville pediu que fossem deportados (2 de ventoso do ano IV) e a punição foi registrada na lei. Os próprios eleitores, como vimos, estavam coagidos ao juramento, sob ameaça de privação dos direitos civis.

Pelo misticismo que se mistura a ela, pelas esperanças de felicidade que desperta, por seu caráter obrigatório, por sua continuidade, parece, portanto, que a fé revolucionária tem todas as aparências de uma fé religiosa.

CAPÍTULO 7

O SIMBOLISMO REVOLUCIONÁRIO

Mas o que acaba de justificar essa identificação é que a fé revolucionária, como a fé religiosa, foi expressa externamente, quase desde o início, por símbolos definidos e exclusivos e foi acompanhada, ao mesmo tempo, de práticas e de cerimônias regulares que a vincularam a um culto.

O simbolismo revolucionário, que se formou aleatoriamente, sem ideias preconcebidas e sem plano geral, com uma espontaneidade notável, durante os anos de 1789, 1790 e 1791, foi a obra comum da burguesia e do povo. A burguesia, criada e banhada na cultura clássica, assombrada pelas lembranças da Grécia e de Roma, emprestou da antiguidade os objetos, as lendas, os emblemas mais adequados, os emblemas mais propícios a manifestar aos outros suas expectativas e servir como sinais identificativos aos partidários da nova ordem. Como ela estava acostumada a se reunir nas lojas, então muito numerosas, acrescentou a seus empréstimos clássicos algumas adições maçônicas. Por fim, ela naturalmente copiou as cerimônias do culto antigo. Mas o simbolismo assim inventado teria permanecido frio, acadêmico, se as pessoas, ao adotá-lo, tornando-o rapidamente seu, não tivessem lhe comunicado calor e vida.

A INSÍGNIA

O primeiro dos símbolos revolucionários foi a insígnia tricolor ostentada no período de febre que se seguiu ao dia 14 de julho. As notícias do ultraje contra o sinal patriótico pelos guarda-costas de Versalhes foram suficientes para causar a revolta dos dias 5 e 6 de outubro. De Paris, o culto das três cores se espalhou como um rasto de pólvora por toda a França. As Federações orgulhosamente ergueram a bandeira tricolor e o coração das multidões bateu mais rapidamente a sua vista. Na Federação de Estrasburgo (13 de junho de 1790), alguns bons aldeões pediram com ternura, como um favor, que eles fossem admitidos a tocar a bandeira dos guardas nacionais. As cores da nação não demoraram a substituir universalmente as cores do rei. O próprio rei teve que ostentar o sinal da nova religião e defender, em 29 de maio de 1790, o uso da insígnia nacional somente.

Logo, uma série de medidas legislativas tornou o sinal obrigatório para todos os cidadãos[1] e depois para todas as cidadãs.[2]

OS ALTARES DA PÁTRIA

Ao mesmo tempo que simbolizavam sua fé nas três cores, os franceses erguiam por todos os lados, nos locais públicos, *altares da pátria*. O primeiro desses monumentos foi sem dúvida o que o maçom Cadet de Vaux fez construir em sua propriedade de Franconville-la-Garenne no início de 1790. "Construído em um monte que forma um bosque sagrado", esse altar, feito de um único bloco de pedra que tinha a configuração triangular, foi encimado por "feixes de armas, com seus machados". No meio erguia-se "uma lança de dezoito pés de altura, encimada pelo barrete da liberdade e adornado com suas borlas". A espada suportava um antigo escudo, oferecendo de um lado a imagem do marquês de La Fayette com a legenda "Ele odeia a tirania e a rebelião" (*Henriada*, de Voltaire), e, do outro, uma espada e alguns estandartes ao redor, tudo em metal fundido. Nas três faces do altar liam-se as seguintes inscrições:

"Ele foi cidadão antes de ser mestre. Estamos voltando aos direitos que perderam nossos ancestrais." (*Henriada*)
"Vamos ver florescer a liberdade pública, sob a sombra sagrada do poder monárquico." (*Brutus*, de Voltaire)
"Reunimos, conspiramos, espalhamos alarmes. Todo burguês é um soldado, toda Paris está em armas.[3]" (*Henriada*)

O altar da pátria teve uma sorte tão rápida quanto a insígnia nacional. Em poucos meses ele viajou pela França: subsidiado por um indivíduo rico que decidia dotar seus concidadãos[4] ou por uma subscrição pública. E houve ocasiões em que cidadãos de todas as classes o erigiram, manejando a pá e a picareta com um belo entusiasmo patriótico. Suas formas variaram com os recursos das localidades, o gosto e o capricho dos habitantes. Mas em todos os lugares foi o local de encontro favorito dos patriotas, o objetivo de suas peregrinações cívicas, o primeiro e mais duradouro santuário da nova religião.[5] Legislando sobre um fato consumado, a Legislativa decretou, no dia 26 de junho de 1792, que "em todas as comunas do Império seria erguido um altar da pátria, sobre o qual seria gravada a Declaração dos Direitos com a inscrição: *O cidadão nasce, vive e morre pela pátria*".

Os altares da pátria, que também eram chamados de altares da liberdade, permanecerão em pé até os primeiros dias do Império.

AS ÁRVORES DA LIBERDADE

Mal os altares da pátria eram erguidos, as *árvores da liberdade* vinham sombreá-los. De acordo com Grégoire, a primeira delas foi plantada por Norbert Pressac, pároco de Saint-Gaudens, perto de Civray, em Poitou.

Em maio de 1790, dia da organização do município, ele fez com que arrancassem um belo carvalho na floresta e o transportassem para a praça da vila onde homens e mulheres se uniram para plantá-lo. Ele então pregou sobre as vantagens da Revolução e da Liberdade.[6]

O relato de Grégoire, aliás, extraído do *Moniteur*,[7] é sem dúvida materialmente preciso, mas é certo que os camponeses do Périgord, imitados talvez em outras regiões da França, não esperaram o exemplo do pároco de Poitou para plantar o maio libertador: "A árvore de maio, este mastro tradicional, o ponto de encontro dos camponeses nos dias de festas votivas"[8] tornou-se em Périgord um símbolo revolucionário em janeiro de 1790. De acordo com M. G. Bussière:

> De uma forma agradável, ela dava aos senhores advertências originais, lembrava-os em particular de sua maneira abusiva de medir e peneirar o trigo das pensões, penduravam-se peneiras, vassouras, medições de grãos, raspadores, penas de aves e, ornamento supremo, cata-ventos, o suficiente para derrubar o orgulho do senhor. (...) Essas plantações de milho, como a floresta ambulante, desciam do norte para o sul pelos vales de Dordogne, de Corrèze, da Vézère, se espalhavam gradualmente nas margens, ganhavam aos poucos as colinas, proclamavam aos ventos a decadência do feudalismo.[9]

As árvores da liberdade rapidamente se tornaram populares. Os patriotas as cercaram de uma veneração sombria e logo puniram com severas penalidades aqueles que as mutilavam. Foi assim que, por seu decreto do 22 de germinal do ano IV, o Diretório ordenou que o Ministro da Justiça processasse os delinquentes ou os criminosos dessa espécie e fizesse aplicar a eles "as leis trazidas contra qualquer espécie de crime contrarrevolucionário e atentatório à liberdade, à igualdade e à soberania do povo francês". Dois anos depois, a lei do 24 de nivoso do ano VI puniu com quatro anos de detenção "qualquer indivíduo condenado por ter mutilado, matado ou tentado derrubar ou mutilar uma árvore da liberdade".[10]

A morte das árvores da liberdade, consideradas sagradas, era uma calamidade, um luto público. Exemplo disso foi o ocorrido em Amiens. Uma árvore foi cortada, e durante a missão de André Dumont o tronco foi levado para a prefeitura "coberto com um lençol preto", precedido por uma música e seguido por uma procissão de nove mil homens em armas.[11]

De todos os símbolos revolucionários, a árvore da liberdade talvez seja o mais perene na alma popular. Ela reapareceu por um momento em 1848 e até reaparece de vez em quando hoje.

OUTROS SÍMBOLOS

As Tábuas da Declaração dos Direitos, as Tábuas da Constituição, gravadas em metal ou pedra, foram, por sua vez, oferecidas para a veneração pública. Os idosos as carregavam sobre padiolas e as colocavam sobre o altar da pátria. Lá, o presidente do festival as levantava em suas mãos, como o padre levanta o ostensório, e as apresentava à multidão, que era autorizada a adorá-las durante o resto do dia.

Em quase todos os lugares, a unidade da pátria era representada pelo *símbolo dos oitenta e três departamentos*, a liberdade conquistada por uma dessas *Bastilhas em miniatura* que o patriota Palloy fizera cavar nas pedras da fortaleza, ou mesmo pela pá, pelo barrete frígio, cujo uso se espalhou a partir do final de 1790. O barrete frígio, mais conhecido como barrete da liberdade, barrete vermelho, já aparece na Federação de Lyon, onde é usado na ponta de uma lança carregada por uma deusa da Liberdade (30 de maio de 1790), e na Federação de Troyes (8 e 9 de maio de 1790), onde ele cobre uma estátua da Nação. O *Nível*, este antigo símbolo da maçonaria, representa a Igualdade desde o ano de 1789. A Fraternidade é representada por *mãos entrelaçadas*, outro sinal maçônico.

Tais são os principais símbolos dentro dos quais o patriotismo se incorporou em primeiro lugar.

Outros, a *Natureza*, a *Razão*, os bustos dos *Mártires da Liberdade*, a *Montanha*, o *olho da vigilância* etc. aparecerão mais tarde e passarão com as circunstâncias que os deram à luz e com os partidos que os terão imaginado.

Tenho eu o direito de assimilar esses símbolos revolucionários aos símbolos das religiões comuns? Sem dúvida, alguns dirão que essas são apenas alegorias simples, sem eficácia própria, enquanto estes estão providos aos olhos de seus fiéis de virtudes específicas. Responderei que não desconheço de forma nenhuma as diferenças fundamentais que separam a religião revolucionária das religiões reveladas. Claro que o patriota que ostentava a insígnia nacional geralmente não atribuía a esse pedaço de tecido o poder de fazer os milagres, e, nesse sentido, seu estado de espírito era diferente do estado de espírito do católico que pendura em seu pescoço uma medalha abençoada ou alguma relíquia preciosa. Não é menos verdade que a insígnia, a medalha e a relíquia são do mesmo modo símbolos religiosos porque elas têm isso em comum: representam, concretizam, evocam um todo, um conjunto de ideias ou sentimentos — isto é, uma fé.

CAPÍTULO 8

O FANATISMO REVOLUCIONÁRIO

Além disso, não é absolutamente verdade que os símbolos revolucionários tiveram o valor apenas de sinais simples, de alegorias inofensivas, sem virtude, sem eficácia específica.

> Com o ar de "está tudo bem", dizendo excelente o *Révolutions de Paris*,[1] leva-se o povo ao fim do mundo, através dos exércitos combinados de toda a Europa. Adornado com um laço de fitas de três cores, ele esquece seus interesses mais queridos de cuidar apenas da coisa pública e deixa alegremente seus lares para ir às fronteiras esperar pelo inimigo.
>
> A visão de um barrete de lã vermelho o transporta, e que não haja razão para zombar dele! Seu entusiasmo é um dos mais respeitáveis e mais bem fundamentados. Disseram-lhe que esse barrete de lã era na Grécia e em Roma o emblema da libertação de todas as servidões e o sinal de adesão de todos os inimigos do despotismo. É suficiente para ele. A partir desse momento, todo cidadão quer ter esse barrete.

A religião revolucionária também teve sua embriaguez, seu fanatismo, e, assim, ela termina por ser parecida com as outras. Os patriotas não se limitam, de fato, a exibir novos símbolos, cercá-los de uma piedade obscura; eles ao mesmo tempo fazem uma guerra impiedosa

FANATISMO IDEOLÓGICO: AS ORIGENS DOS CULTOS REVOLUCIONÁRIOS

contra os símbolos antigos, eles os destroem sem piedade, implacavelmente, com raiva alegre.

Esses camponeses do Périgord que foram os primeiros, ao que parece, a plantar o grão da liberdade derrubavam e esmagavam ao mesmo tempo os postos de justiça, os grilhões, os bancos de igreja, os cata-ventos, todos os objetos que ostentavam a marca sensível de sua antiga servidão.

Os burgueses esclarecidos com assento nas Assembleias não eram menos fanáticos do que esses camponeses. Eles decretaram a demolição da Bastilha[2] e a remoção das estátuas das províncias acorrentadas ao pé da estátua de Luís XIV na praça das Vitórias.[3] Eles não se limitaram a suprimir os títulos de nobreza,[4] as ordens de cavalaria[5] — fizeram queimar, em fogueiras solenes, todos os papéis, os livros e os títulos relativos à nobreza e à cavalaria;[6] eles proibiram os brasões[7] de armas, ordenaram o confisco das casas que continuaram a usá-los[8] e a destruição de todos os monumentos que lembravam o feudalismo;[9] eles ordenaram que em nenhum ato deveriam ser tomados as qualificações e os títulos suprimidos:

> (...) sob pena de pagar uma contribuição sêxtupla e ser removido do quadro cívico, ser declarado incapaz de assumir qualquer emprego civil ou militar etc. O mesmo castigo para aqueles que obrigarem seus empregados a vestir libré e colocarem um brasão em sua casa ou em sua carruagem etc.[10]

Por um decreto formal, fazem pisotear uma coroa ducal;[11] eles perseguem o feudalismo, até mesmo na própria linguagem mudam os nomes dos lugares que evocam o passado odiado.[12] Do mesmo modo, os reformadores foram implacáveis no século XVII para com os emblemas do catolicismo.

Em breve, a guerra ao catolicismo sucederá a guerra ao feudalismo; as mitras, os bastões episcopais, os breviários e os missais se juntarão, no braseiro comum, às coroas ducais e aos brasões de armas; o calendário republicano substituirá o calendário romano; e os nomes gregos e romanos caçarão nos registros do Estado os nomes dos santos. François Paul Legendre solicitará ao Comitê de Segurança Pública que decrete pela Convenção que, em toda a extensão da República, as cruzes sejam substituídas pelo barrete da liberdade.[13] Distribuindo as insígnias para as jovens cidadãs de Versalhes,

O FANATISMO REVOLUCIONÁRIO

Charles Delacroix e Joseph-Mathurin Musset as fazem jurar se casar apenas com republicanos.[14] Fazendo-se o cantor do ódio comum, o poeta Lebrun lança a multidão contra os caixões dos tiranos:[15]

> Purguemos o solo dos patriotas
> Por reis ainda infectados.
> A terra da liberdade
> Rejeite os ossos dos déspotas;
> Desses monstros divinizados
> Que todos os caixões sejam quebrados!
> Que sua memória murche!
> E isso com suas almas errantes
> Saiam do seio da pátria
> Todos os cadáveres dos tiranos!

Quando levado ao paroxismo, o fanatismo revolucionário, como o fanatismo religioso, envolve o homem todo, faz com que ele esqueça os deveres mais queridos da família ou da amizade, torna-se exclusivo de qualquer outro sentimento.

"Quando se trata da pátria", afirma Maribon-Montaut aos jacobinos, *"não há nem irmãos, nem irmãs, nem pai, nem mãe. Os jacobinos imolam tudo a seu país".*[16] Não são palavras vãs. Muitos foram os patriotas que sacrificaram tudo por seu país, incluindo suas próprias vidas. Tampouco era uma fanfarronice este juramento que Baudot fazia antes de sua partida para o exército do Reno:

> Aviso a sociedade [dos jacobinos] que, mudando o clima, não mudarei de ardor revolucionário e que farei no Norte o que fiz no Sul. *Eu os tornarei patriotas; ou eles morrerão, ou eu morrerei.*[17]

Mas de que serve multiplicar esses exemplos de fanatismo revolucionário? São tantos que se apresentam à mente que, para reuni-los todos, teríamos de lançar mão de um enorme volume.

CAPÍTULO 9

AS PRÁTICAS E AS CERIMÔNIAS

A partir do final da Constituinte, a religião revolucionária é estabelecida a partir de seus elementos essenciais, com seus dogmas e símbolos obrigatórios. Longe de ser uma invenção artificial de alguns homens, um expediente político, uma arma de circunstância, pareceu-nos uma criação espontânea e anônima da alma francesa, fruto da estação tardia, mas saborosa, da filosofia do século XVIII.

Uma coisa, no entanto, ainda lhe falta naquela época para ser verdadeiramente uma religião completa: um conjunto de práticas regulares, um sistema de cerimônias, em uma palavra: um culto. Mas já se pode prever que essa lacuna não demorará a ser preenchida. No momento em que estamos, neste ano de 1791, ano de Varennes, ano crítico em muitos aspectos, os patriotas já adquiriram o hábito de se reunir em cerimônias ou festas cívicas para comunicar entre si suas esperanças, seus medos, suas dores comuns, para comemorar o aniversário de suas vitórias sobre o despotismo, para honrar seus mortos ilustres, para exaltar naturalmente sua coragem. Essas reuniões cívicas, geralmente por iniciativa dos cidadãos, ainda variam de forma, caráter e tendências em toda a França, elas são bastante ecléticas. Uns e outros ainda não se opõem às cerimônias católicas, que abrem espaço para os padres da religião antiga, um lugar mais ou menos importante. Mas é visível que o catolicismo, o purificado pela Constituição Civil, já não está na celebração mais do que como um elemento acessório do qual logo não se precisará. Veremos em breve sob a influência de quais circunstâncias a ruptura se fará entre a nova religião e a antiga, como essa se oporá à última e tentará abertamente suplantá-la.

AS FEDERAÇÕES

A primeira, não apenas em data, mas em importância, dessas cerimônias cívicas em que os franceses se comunicavam dentro do patriotismo, a que serviu de exemplo e modelo para outras que seguiram, a que realmente deu origem ao culto revolucionário, é a Federação, ou melhor, as Federações.

É para reprimir as agitações, para proteger a subsistência, para restabelecer a ordem indispensável à regeneração da coisa pública que se formam, após o Grande Medo, as primeiras Federações, verdadeiras ligas armadas a serviço da Assembleia Nacional. O sentimento que elas desejam expressar, em primeiro lugar, proclamar em voz alta, é sua absoluta confiança no dogma político de toda a onipotência dos representantes da nação em preparar e assegurar a felicidade pública.[1] Elas não duvidam de que as intrigas dos malvados, as conspirações dos "aristocratas", sejam o único obstáculo que atrasa a próxima hora de bem-aventurança geral, e é para frustrar suas intrigas, suas conspirações, que elas pegaram em armas. Elas protestam contra sua submissão sem limites à *Constituição*, seu amor ardente pela *pátria*.

E por *pátria* elas não queriam dizer uma entidade morta, uma abstração incolor, mas uma fraternidade real e duradoura, um desejo mútuo pelo bem público, o sacrifício voluntário do interesse privado pelo interesse geral, o abandono de todos os privilégios provinciais, locais e pessoais. Eis o juramento dos bretões e dos angevinos em Pontivy, em 15 de fevereiro de 1790:

> Declaramos solenemente que, não sendo bretões nem angevinos, mas franceses e cidadãos do mesmo Império, renunciamos a todos os nossos privilégios locais e particulares e que os abjuramos como anticonstitucionais.[2]

A liberdade da qual eles se proclamam "idólatras" não é uma liberdade estéril, uma liberdade neutra e indiferente, mas a faculdade de realizar seu ideal político profundamente unitário, os meios de construir sua futura cidade harmoniosa e fraterna.

Se as Federações foram sobretudo um ato de fé no novo credo político, elas tiveram também outras características. Uma concepção geral da sociedade não costuma caminhar sem uma visão geral do Universo, sem uma filosofia e sem uma moral. Essa filosofia e essa moral, ainda imprecisas, já começam a surgir em alguns lugares.

Muitas vezes, inscrições gravadas no altar da pátria alertam os cidadãos de que as melhores instituições políticas são sem eficácia se não forem acompanhadas pelas instituições morais correspondentes. O credo político está assim ligado a um credo moral. Em Rennes, lemos sobre uma pirâmide elevada no altar da pátria esta frase de Rousseau: "A pátria não pode subsistir sem a liberdade, a liberdade, sem a virtude." Em Lyon, nos pórticos do Templo da Concórdia, foi gravada esta máxima: "Nenhum Estado sem moral, nenhum cidadão sem virtude, nenhuma virtude sem liberdade."

Mais de uma vez, são os idosos que presidem a festa, como se fossem revestidos de uma espécie de magistratura moral.

> Na grande Federação de Rouen, onde os guardas nacionais de sessenta cidades apareceram, foi-se procurar até em Andelys, para estar à frente da Assembleia, um cavaleiro de Malta, com oitenta e cinco anos de idade. Em Saint-Andéol, em Vivarais, dois idosos, de noventa e três e noventa e quatro anos — um, nobre coronel da guarda nacional; o outro, um simples lavrador —, foram os primeiros a prestar o juramento cívico.[3]

O culto ao Ser Supremo, a teofilantropia, o culto decadário serão retomados, ampliando e sistematizando essas mesmas preocupações morais.

Em outras Federações, a admiração pelas descobertas da ciência se expressava de maneira ingênua, um profundo amor pela natureza. Na grande Federação de Dôle (21 de fevereiro de 1790), uma jovem chegou no início da festa "com um vidro óptico para extrair do Sol o fogo sagrado e acender em um vaso grego, colocado no altar, um fogo que, de repente, acendeu uma chama tricolor".[4] Em Estrasburgo, os cultivadores que aparecem na procissão com um arado colocam um maço de trigo no altar da pátria.

Se, na grande maioria dos casos, o clero preside a cerimônia, que começa com uma missa solene, há, contudo, aqui e ali, algumas manifestações anticlericais. Pela pena de Jacques Boileau, cujo irmão Étienne mais tarde desempenhará um papel considerável no estabelecimento dos cultos revolucionários em Yonne, os guardas nacionais de Saint-Brise, Cravant, Vermanton etc. convidam a Assembleia Nacional a redobrar sua energia contra o monstro do fanatismo:

> Ah, é o mais cruel de todos! Como aqueles tiranos ambiciosos e ferozes cuja história nos oferece tantos exemplos só aspiram a derramar o sangue daqueles que o preocupam e ofuscam o seu terrível despotismo. Bata, bata com força nessa cabeça arrogante. Uma vez destruída, a paz e a concórdia, que sozinhas fazem florescer os Estados, vão renascer, e seremos todos felizes.[5]

Em Clamecy, um granadeiro da guarda nacional, Charles De Suroy, canta no banquete cívico, que encerrou a Federação, alguns dísticos que foram impressos na ata:[6]

> Se a nobreza e o barrete
> Insulto à nossa dedicação
> Rá, rá, rataplã!
> Que os esfregamos
> Rataplã!
> Batida do tambor!

Em Rennes, a ata denunciou aqueles que "redobram seus esforços criminais e usam como último recurso a adaga do fanatismo e os terrores da superstição".[7]

Mais significativas do que esses incidentes sem eco são as reconciliações solenes dos sacerdotes dos diferentes cultos sobre o altar da

AS PRÁTICAS E AS CERIMÔNIAS

pátria. Párocos, pastores e rabinos vêm abjurar seus velhos ódios, lamentar as lutas passadas, prometer uns aos outros uma amizade sincera para o futuro e selar seus juramentos com um beijo fraterno. Em Montélimar, o pároco e o pastor se jogam nos braços um do outro. Os católicos levam os protestantes à igreja e dão ao pastor o lugar de honra no coro. Por seu lado, os protestantes recebem os católicos no púlpito e colocam o pároco em primeiro lugar. Em Clairac (Lot-et-Garonne), o pastor e o pároco abrem, eles mesmos, o baile patriótico que encerrou a Federação.[8]

Foi na Federação de Estrasburgo (13 de junho de 1790) que se realizou, pela primeira vez, que eu saiba, esta cerimônia do *batismo cívico* que, livre de todo caráter confessional, se tornaria um dos sacramentos do culto da Razão. Cito a ata:

> A esposa do sr. Brodard, guarda nacional de Estrasburgo, teve um filho no mesmo dia do juramento federativo. Vários cidadãos, aproveitando a circunstância, pediram que o recém-nascido fosse batizado no altar da pátria. (...) Tudo estava arranjado quando o sr. Kohler, da guarda nacional de Estrasburgo e da Confissão de Augsburgo [luterano], reivindicou o mesmo favor a um filho a quem sua esposa acabara de dar à luz. Foi-lhe concedido de bom grado porque foi encontrada uma oportunidade de mostrar a união que reina em Estrasburgo entre os diferentes cultos.[9]

E a ata descreve a cerimônia, que ocorreu com grande pompa. A criança católica teve como madrinha a sra. Dietrich, da religião reformada; o filho luterano, a sra. Mathieu, católica, esposa do promotor da Comuna. A criança católica recebeu o nome Charles Patrice *Fédéré Prime René De la Plaine Fortuné*; o filho protestante, François Frédéric *Fortuné Civique*. Quando os dois ministros, luterano e católico, terminaram cada um seu ofício e deram "o beijo da paz e da fraternidade", o batismo religioso sucedeu o batismo cívico propriamente dito:

> O altar religioso foi removido. As madrinhas carregando os recém-nascidos vieram ocupar o lugar. Desfraldou-se a bandeira da Federação acima de suas cabeças. As outras bandeiras as

FANATISMO IDEOLÓGICO: AS ORIGENS DOS CULTOS REVOLUCIONÁRIOS

cercavam, no entanto, tomando o cuidado de não escondê-las dos olhos do exército e do povo. Os chefes e comandantes particulares se aproximaram para servir de testemunhas. Então, os padrinhos, de pé no altar da pátria, pronunciaram em voz alta e inteligível, em nome de seus afilhados, o juramento solene de serem fiéis à nação, à lei, ao rei, e de manter com todo o seu poder a Constituição decretada pela Assembleia Nacional e aceita pelo rei. Gritos repetidos de "Viva a nação! Viva a lei! Viva o rei!" logo se fizeram ouvir de todos os lados. Durante essas aclamações, os comandantes e outros chefes formaram, com suas espadas nuas, uma abóbada de aço [cerimônia da maçonaria] acima das cabeças das crianças. Todas as bandeiras reunidas acima desse arco apareciam em forma de cúpula, de domo; a bandeira da Federação superava o todo e parecia coroá-lo. As espadas, esbarrando-se um pouco, produziram um chocalho imponente, enquanto o decano dos comandantes dos confederados prendia em cada criança uma insígnia pronunciando estas palavras: "Meu filho, eu te recebo na guarda nacional. Seja corajoso e bom cidadão como seu padrinho." Foi então que as madrinhas ofereceram as crianças à pátria e as expuseram por alguns momentos aos olhos do povo. Com esse espetáculo, os aplausos se redobraram. Ele deixou na alma uma emoção que é impossível descrever. Foi assim que terminou uma cerimônia da qual a história não fornece exemplo nenhum.

Celebrado sem padres, no altar da pátria, abaixo das três cores, acompanhado do juramento cívico em vez do juramento religioso, esse batismo secular, em que a insígnia toma o lugar da água e do sal, já faz pensar nas cenas de 1793. Os ministros da religião tornaram a aparecer no início da cerimônia, mas se foram rapidamente, e, jogando-se nos braços um do outro, pareceram pedir perdão por seus pecados passados.

Outros batismos cívicos foram celebrados em seguida, por exemplo, em Wasselone, no dia 11 de junho de 1790. Aqui, mais uma vez, os guardas nacionais formaram o arco de aço maçônico acima do recém-nascido e o padrinho recitou, no lugar do credo, o juramento cívico.

AS PRÁTICAS E AS CERIMÔNIAS

Até se celebraram, mas mais raramente, alguns casamentos cívicos no altar da pátria, por exemplo, na Federação de Dole, em 14 de julho de 1790.[10]

Não é sem importância notar que é nas Federações que se origina o uso, tão difundido mais tarde, de dar às crianças os nomes escolhidos fora dos calendários religiosos. As duas crianças batizadas em Estrasburgo têm entre seus nomes *Civique* e *Fédéré*.

Também não é curioso que as Federações nos ofereçam o primeiro exemplo desse "descanso cívico" que mais tarde se tornará obrigatório todos os *décadis*[11]? Em Gray, no dia da Federação, os cidadãos não trabalharam o dia todo, como num feriado religioso. Embora a polícia não tenha prescrito nada sobre esse assunto, as lojas permaneceram fechadas.[12]

Em resumo, não é exagero alegar que os cultos revolucionários já estão germinando nas Federações, que eles se enraizaram lá. Essas grandes cenas místicas foram a primeira manifestação da nova fé. Elas causaram a impressão mais viva nas massas. Elas as familiarizaram com o simbolismo revolucionário, que imediatamente se tornou popular. No entanto, acima de tudo, elas revelaram aos políticos o poder das fórmulas e das cerimônias na alma das multidões. Elas lhes sugeriram a ideia de colocar esses meios a serviço do patriotismo; lhes forneceram um modelo para seus futuros sistemas de "festas nacionais", de "instituições públicas", de "cultos cívicos", que eles imaginaram em grande número desde a Legislativa, antes de realizá-los sob a Convenção e sob o Diretório.

Pôster ilustrativo da Revolução Cultural na China

CAPÍTULO 10

FESTAS CÍVICAS

Os anos de 1790, 1791 e 1792 são preenchidos com festas patrióticas, que, embora lembrando de alguma maneira as Federações, anunciam e preparam o culto da Razão.

Se as circunstâncias e as paixões políticas dão a cada uma dessas festas um caráter particular, em todas, no entanto, encontra-se a mesma inspiração, o desejo de honrar a nova instituição política, de defendê-la, de celebrar a memória dos grandes eventos que lhe deram nascimento ou que a consolidaram, de testemunhar aos homens que a fundaram, ou a prepararam, o reconhecimento público. Essas reuniões são, portanto, um culto prestado à Revolução, à Pátria, à Liberdade, à Lei, por qualquer nome que chamemos o instrumento da felicidade esperada e do ideal sonhado. Tanto por seu cerimonial como pela sua inspiração, elas já se assemelham às festas do Terror ou às festas de dez dias, às quais elas servirão muitas vezes de modelo.

Algumas têm o objetivo principal de celebrar as grandes datas revolucionárias, são *festas comemorativas*: demonstrações de alegria por ocasião dos eventos políticos atuais — são *festas políticas*. Outras são testemunhas de admiração e reconhecimento para com os bons operários e mártires da Revolução; constituem-se como um culto dos grandes homens, *um culto dos mártires da liberdade*; outras, ainda, são destinadas a recompensar certos atos de coragem ou probidade, são *festas morais*.

FESTAS COMEMORATIVAS

20 DE JUNHO

O Juramento do Jogo da Pela, que fora o primeiro ato de resistência aberta dos deputados da nação às vontades reais, deixara nos corações patrióticos uma memória duradoura. Por volta do início do ano de 1790, formou-se, por iniciativa de Gilbert Romme,[1] em Paris e em Versalhes, uma sociedade particular para "imortalizar essa conspiração que salvou a França", e em três anos seguidos (em 20 de junho de 1790, 1791 e 1792) a sociedade festejou o aniversário com uma celebração cívica, sendo a do primeiro ano muito brilhante.[2] Formados "em batalhão cívico", os membros da sociedade entraram em Versalhes pela Avenida de Paris. No meio deles:

> (...) [quatro voluntários da Bastilha carregavam] uma mesa de latão na qual estava gravado, em caracteres indeléveis, o Juramento do Jogo da Pela. Quatro outros carregavam as ruínas da Bastilha destinadas a selar nas paredes do Jogo da Pela essa mesa sagrada.

O município de Versalhes veio ao encontro da procissão. O regimento de Flandres apresentou suas armas em frente ao "arco sagrado". Chegando ao Jogo da Pela, todos os assistentes renovaram o juramento "em um pendor religioso". Então, um orador discursou para a multidão:

> Um dia, nossos filhos farão uma peregrinação a este templo como os muçulmanos vão a Meca. Este templo inspirará em nossos últimos netos o mesmo respeito que o templo erigido pelos romanos à Piedade filial.

Em meio aos gritos de alegria, os velhos selaram a tábua de juramento na parede: "Cada um invejou a felicidade de cravá-la." Todos, somente com pesar, deixaram esse lugar tão querido para as almas sensíveis: "Abraçaram-se uns aos outros e foram reconduzidos com pompa

FESTAS CÍVICAS

pelo município, pela guarda nacional e pelo regimento de Flandres, até os portões de Versalhes." Ao longo da estrada, ao retornar a Paris, "eles só falavam da felicidade dos homens; alguém diria que eram deuses que estavam em movimento". No Bois de Boulogne, uma refeição de trezentos talheres, "digna de nossos velhos ancestrais", lhes foi servida "por jovens ninfas patrióticas". Acima da mesa estavam colocados "os bustos dos amigos da humanidade, de Jean-Jacques Rousseau, de Mably, de Franklin, que ainda pareciam presidir o banquete". O presidente da sociedade, Charles-Gilbert Romme, "leu os dois primeiros artigos da Declaração dos Direitos Humanos para abençoar. Todos os convidados repetiram: 'Que assim seja!'". Na sobremesa, leu-se a ata do dia. "Este ato religioso despertou aplausos nutridos." Então vieram os brindes. Danton "teve o prazer de fazer o primeiro". "Ele disse que o patriotismo, não devendo ter outros limites que o Universo, propunha brindar a sua saúde, pela liberdade e pela felicidade de todo o Universo." Jacques-François Menou brindou à saúde da nação e do rei, "que é um só com ela"; Charles de Lameth, à saúde dos vencedores da Bastilha; Léger-Félicité Santhonax, a nossos irmãos nas colônias; Antoine Barnave, ao regimento de Flandres; Robespierre, "aos escritores corajosos que haviam corrido tantos perigos e que ainda corriam em defesa da pátria". Um membro então designou Camille Desmoulins, cujo nome foi muito aplaudido. Finalmente, um valente cavaleiro encerrou a série de brindes bebendo à saúde "do sexo encantador que mostrou na Revolução um patriotismo digno das damas romanas". Então, "mulheres vestidas de pastoras" entraram no salão de banquetes e coroaram os membros da Assembleia Nacional com folhas de carvalho: D'Aiguillon, Menou, as duas Lameth, Barnave, Robespierre, Laborde. Um artista famoso,[3] que participava da festa, prometeu usar seu talento "para transmitir à posteridade os traços de amigos inflexíveis do bem público". Nesse momento, quatro voluntários da Bastilha trazem à mesa "a representação deste covil de despotismo e da vingança dos reis". Guardas nacionais a cercam, sacam seus sabres e a destroem.

Qual não foi a surpresa dos espectadores! Através dos golpes de sabre, viu-se uma criança vestida de branco, símbolo da inocência oprimida e da liberdade nascente. (...) Ninguém se fartou em contemplá-la. Encontrou-se sob as mesmas ruínas um barrete de lã, emblema da liberdade, que foi colocado na cabeça da criança. Procurou-se novamente. Foram encontradas várias cópias da Declaração dos Direitos Humanos, alguns trechos das obras de J.-J. Rousseau e Raynal. Eles foram jogados aqui e ali entre os convidados que se engalfinhavam para obter exemplares. Todos levaram alguns detritos da Bastilha.

Seria supérfluo comentar tal relato. Sob a sensibilidade e os prados da época, sentimos o ódio amargo do desaparecido regime, a vontade de destruir tudo o que o lembra, juntamente com um apetite ardente por uma sociedade melhor, cujos legisladores coroados com carvalho preparam o advento.

14 DE JULHO

Uma sociedade particular tinha tomado a iniciativa de comemorar o aniversário no dia 20 de junho. As autoridades constituídas, a própria Assembleia Nacional, regulamentaram a comemoração em 14 de julho.

Sem dúvida, não era apenas para comemorar o aniversário da tomada da Bastilha que os delegados de todas as guardas nacionais da França se encontraram em 14 de julho de 1790 no Campo de Marte. Essa Federação Geral foi além do escopo de uma cerimônia comemorativa. Ela era realmente a festa da pátria, a festa da nova França. Também a própria Federação, "esta festa augusta, a mais majestosa, a mais imponente que, desde que as pompas do mundo são conhecidas por nós, tenha ainda honrado a raça humana", a Federação tornou-se um dos grandes eventos da Revolução e, como tal, foi comemorada por sua vez como a tomada da Bastilha. Nos anos seguintes, a festa de 14 de julho foi dedicada aos dois aniversários juntos e fusionados.

Em 1791, sem esperar uma lei que os obrigasse, a maioria dos municípios comemorou o duplo aniversário.[4] Em Paris, as autoridades e os guardas nacionais se reuniram com uma delegação da Assembleia nas

FESTAS CÍVICAS

ruínas da Bastilha e de lá foram em procissão ao Campo da Federação, onde Gobel celebrou a missa no altar da pátria. Segundo o *Moniteur*,[5] o número de espectadores foi considerável. De noite, as fachadas das casas foram iluminadas.

Antes de se separar, a Constituinte fez do dia 14 de julho uma festa legal decretando que o juramento federativo seria renovado naquele dia, todos os anos, na capital do distrito.[6]

Em 1791, a celebração tinha sido assombrada pela recente lembrança da fuga em Varennes; em 1792, ela foi inflamada pelas abordagens de 10 de agosto. Em 14 de julho de 1792, em Paris, uma delegação da Assembleia foi às ruínas da Bastilha para assistir à colocação da pedra fundamental da coluna da Liberdade, que deveria elevar-se, sob os cuidados do patriota Palloy, no local da odiosa fortaleza. Da cerimônia, que em seguida aconteceu no Campo da Federação, o clero, pela primeira vez, não participou.[7] Na procissão destacava-se uma estátua da Liberdade carregada por seis "cidadãos vestidos com o novo traje proposto por David", uma estátua de Minerva, carregada da mesma maneira em uma maca de três cores e escoltada por alguns idosos segurando crianças pela mão. Perto do altar da pátria, uma pirâmide honrava a memória dos cidadãos que morreram pela liberdade e uma "árvore nobre" carregada de distintivos, pergaminhos e cordões de ordens suprimidas condenava o passado desaparecido. No final da cerimônia, os idosos e as figuras oficiais atearam fogo à nobre árvore, enquanto crianças, mulheres e inválidos colocavam coroas de carvalho e de flores no mausoléu dos mártires da liberdade. Então, entoou-se o famoso hino de Marie-Joseph Chénier: "Deus do povo e dos reis, das cidades, dos campos."

Nos departamentos, o 14 de julho foi comemorado, como em Paris, com grandes reforços de alegorias clássicas. Mas, em quase toda a parte, a missa foi dita no altar da pátria.

4 DE AGOSTO

Ou a memória teria sido demais favorável a ordens privilegiadas ou, pelo contrário, os decretos – todos teóricos – votados nessa famosa noite teriam deixado muitas decepções no coração dos patriotas: o aniversário do dia 4 de agosto esteve longe de obter as mesmas honras que o de 14 de julho. As autoridades o ignoraram. Apenas alguns indivíduos, bastante obscuros, tiveram a ideia de comemorá-lo, mas seus projetos não foram realizados. Um deles, no final de 1789, propôs a organização de um feriado nacional que seria comemorado todos os anos "neste dia imortal".[8] Em cada cidade, um templo dedicado à liberdade seria construído. Luís XVI teria sua estátua na nave. Os mil e duzentos deputados, "cooperadores, agentes, instrumentos da felicidade geral", teriam também seus retratos pendurados nas paredes do templo.

> Cada mãe *seria* obrigada a ir apresentar seu filho neste templo, onde ele *seria* investido do direito de cidadão e *receberia* um nome. Esse tipo de batismo patriótico o tornaria o filho da nação *regenerada*.

Os melhores poetas dramáticos seriam encarregados de compor uma peça sobre o triunfo da liberdade, que seria apresentada perante o povo todos os anos, no dia 4 de agosto.

É necessário avisar que o projeto não recebeu nenhum início de execução.

Pelo menos uma vez, no entanto, a abolição do dízimo foi celebrada com festejos. Em 1791, a sociedade fraternal de Gémeaux (distrito de Riom), presidida por G. Romme, comemorou a abolição do dízimo por uma festa que abriu a colheita. O município, cercado pelos habitantes, se dirigiu a um campo que havia sido recém-colhido e lembrou as leis benéficas pelas quais a Revolução libertara a terra. O banquete terminou na igreja com um *Te Deum* de ação de graças.[9]

Algum tempo depois, em setembro de 1791, os habitantes de Septmoncel (Jura), por sua vez, celebraram com uma festa cívica a abolição da servidão.[10]

FESTAS POLÍTICAS

A fé revolucionária consistia essencialmente na esperança de felicidade que a nova instituição política fazia conceber. Portanto, não é surpreendente que os principais atos políticos que anunciavam a entrada em vigor da Constituição, que era tão esperada, tenham provocado festas cívicas, através das quais a esperança universal se manifestou.

Quando a França soube, no dia 4 de fevereiro de 1790, que o rei havia prometido solenemente manter a Constituição preparada pela Assembleia Nacional, ela se entregou aos transportes da mais viva alegria. Paris iluminou-se dois dias seguidos. O juramento cívico, prestado pela Assembleia Nacional após a visita do rei, foi repetido em todas as comunas em meio a cerimônias patrióticas. Finalmente, quando a Constituição foi concluída, organizou-se uma grande festa em Paris para a proclamação solene, em 18 de setembro de 1791. As autoridades foram em procissão ao Campo da Federação. O prefeito subiu no altar da pátria e mostrou aos cidadãos o livro da Constituição. Após a cerimônia, a multidão recebeu o então muito novo espetáculo da subida de um dirigível. À noite, a iluminação foi geral. "Guirlandas de fogo uniam todas as árvores da Praça Luís XV até o lugar chamado Etoile."[11]

No domingo seguinte, 25 de setembro, a festa recomeçou e foi particularmente brilhante na rotatória dos Champs-Élysées.[12]

A Constituição de 1793 deveria ser proclamada ainda mais solenemente na grande Federação de 10 de agosto de 1793.

FESTAS DOS BENFEITORES E MÁRTIRES DA LIBERDADE, FESTAS FÚNEBRES

Muito rapidamente os patriotas organizaram cerimônias de ação de graças em homenagem a todos aqueles que haviam preparado a Revolução ou morrido por ela. Antes de Marat, Chalier e Le Pelletier, outros santos políticos e outros mártires da liberdade tiveram suas estátuas e seus cultos.

DESILLES

Após o infeliz caso de Nancy, em 20 de setembro de 1790, uma grande festa fúnebre foi celebrada no Campo da Federação em honra aos guardas

FANATISMO IDEOLÓGICO: AS ORIGENS DOS CULTOS REVOLUCIONÁRIOS

nacionais que haviam perecido chamando às ordens os suíços rebelados de Châteauvieux. O oficial Desilles, que pagou com a vida seus esforços para parar o derramamento de sangue, foi homenageado com um busto, coroado com folhas de carvalho, na sessão da Assembleia Nacional em 29 de janeiro de 1791. Uma pintura representando sua ação heroica foi encomendada ao pintor Lebarbier.

Nessa ocasião, o deputado Gouy tirou de certo modo a moral dessas honras póstumas concedidas pela Revolução aos seus mártires, comparando os santos seculares aos santos religiosos e aos grandes conquistadores. Segundo ele:

> Até agora, esse tipo de culto, essa apoteose, entregue pelo reconhecimento e pela admiração, era reservado a outra classe de heróis. Era às efígies consagradas pela fúria das conquistas que essa pompa era concedida, que essas aclamações se dirigiam. Seria digno da humanidade, da liberdade, associar finalmente *os mártires do patriotismo*, hoje fazer dessas cerimônias remuneradoras o preço dos sacrifícios cívicos, cujos monumentos viriam aqui para vivificar este templo da Constituição. Imagens como as que recebem hoje o tributo de suas lágrimas e nossos respeitos seriam seus guardiões mais dignos e, se fosse possível que essa Constituição regenerativa encontrasse inimigos, a esperança de ocupar um lugar entre os semideuses, cujo primeiro vocês teriam aqui canonizado, seria o suficiente para dar-lhe imitadores.

E Louis Marthe de Gouy propunha sem rodeios transformar as festas cívicas em um instrumento político a serviço da Assembleia e das instituições novas:

> Bem, desta terra sem vida, cabe a vocês criar heróis. Cabe aos legisladores do Império fertilizar o germe que ele contém em seu seio e que apenas seus cuidados podem fazer eclodir. Se a coroa cívica, a mais honrosa de todas, adornava por suas ordens a testa da vítima imolada ao patriotismo, não tenho dúvida de que essa suprema honra acenderia os corações dos quinhentos

mil franceses a quem seus decretos clamam por segurança ou por defesa de nossas fronteiras. Não tenho dúvida de que se tornou um escudo inexpugnável contra os inimigos que ousariam atrapalhar nossas obras úteis, e que uma recompensa tão magnífica foi o baluarte mais seguro contra os adversários presentes e futuros da Constituição.

É óbvio que o pensamento ainda é vago, mas logo ficará mais claro; desde o início da Legislativa, os chefes patriotas sonharam em reunir os elementos dispersos do culto revolucionário, em sistematizá-los para torná-los um instrumento de propaganda cívica.

MIRABEAU

Quando Mirabeau morreu, honras magníficas lhe foram prestadas. O que deveria ser o santuário de Santa Genoveva foi transformado no Panteão para receber seus restos mortais e os de todos os grandes homens que, como ele, eram merecedores da pátria.[13]

VOLTAIRE

Voltaire, por sua vez, em julho de 1791, foi transferido para o Panteão, no meio de uma imensa multidão.[14] Segundo o semanário *Feuille Villageoise*:

> A festa foi sublime e comovente. Ela atingiu e ampliou as mentes do povo, desacreditou as procissões e as imagens monacais, eletrificou com fogo puro e celeste os homens mais grosseiros, redobrou o santo ardor do patriotismo e espalhou por toda parte os raios da filosofia. Portanto, esse dia avançou, por assim dizer, em um século o progresso da razão.[15]

Naquela data, os patriotas avançados não escondiam mais sua intenção de opor suas festas cívicas às antigas festas religiosas.

OS SUÍÇOS DE CHÂTEAUVIEUX

No dia 15 de abril de 1792, acontece a festa da liberdade, organizada por Collot d'Herbois e Tallien em homenagem aos suíços de Châteauvieux, vítimas de Bouillé. A procissão percorreu as principais ruas da capital no meio de uma grande multidão. Víamos figurar a Declaração dos Direitos, carregada em triunfo, um modelo da Bastilha, alguns bustos de Franklin, Sydney, J.-J. Rousseau, Voltaire, as correntes dos soldados de Châteauvieux carregadas por quatro cidadãs, uma carruagem da Liberdade encimada por uma estátua da deusa, e os quarenta suíços sobre a carruagem da Renommée, atrelada com vinte cavalos soberbos.

Reportando-se a esse dia, o *Moniteur* tirou esta lição para o uso de políticos:

> Diremos mais aos administradores. Deem muitas vezes essas festas ao povo. Repitam isso todos os anos, no dia 15 de abril. Que a festa da liberdade seja a nossa festa de primavera, que outras solenidades cívicas sinalizem o retorno das outras estações do ano (...) Elas elevarão a alma do povo, suavizarão seus costumes, desenvolverão sua sensibilidade, fortalecendo sua coragem; elas farão, ou melhor, elas já fizeram um novo povo. As festas populares são a melhor educação do povo.[16]

Eis os grandes motes. Festas cívicas, nascidas espontaneamente, uma escola para o povo, um instrumento para regenerar o país; esse será o artigo essencial do programa dos organizadores dos cultos revolucionários.

SIMONEAU

Logo após a festa dos suíços de Châteauvieux, ou festa da liberdade, veio, em 3 de junho de 1792, a festa fúnebre em homenagem a Simoneau, ou a festa da lei. Simoneau era o prefeito de Étampes que havia sido morto em um tumulto popular tentando fazer cumprir a lei sobre a subsistência. Para os moderados da Legislativa ou os Amigos da Constituição [Clube dos Feuillants], a festa de Simoneau foi uma resposta à festa dos suíços de Châteauvieux, que eles consideraram como sendo a glorificação da rebelião. Ao passo que essa festa nasceu da iniciativa privada de alguns patriotas avançados, aquela foi organizada pelas autoridades. Um decreto da Legislativa,[17] complementado por um édito do departamento de Paris,[18] regulamentou a ordem e a composição da cerimônia. Formada no subúrbio de Saint-Antoine, a procissão foi para o Campo da Federação. Entre os principais emblemas, viam-se uma bandeira antiga em cores nacionais com o lema "a Lei", um modelo da Bastilha, os letreiros dos oitenta e três departamentos com as palavras "Sejamos unidos, nós seremos livres", uma bandeira da lei, um gênio da lei sobre um lectistérnio, um baixo-relevo representando os traços heroicos do prefeito de Étampes com uma coroa cívica e uma guirlanda de louros, o lenço do virtuoso Simoneau com uma palma e um longo crepe, além de seu busto, o livro da Lei sobre um trono de ouro, carregado por anciãos etc. No campo da Federação, havia um altar da lei, sobre o qual se queimava incenso.

Festas semelhantes foram celebradas nos departamentos em homenagem a Simoneau em Angers,[19] em Tulle, em Senlis, em Lyon etc.

Ao ler seus programas, não é possível deixar de se impressionar pela semelhança que seu cerimonial oferece com o das festas funerárias da Convenção ou do Diretório. Seja Desilles ou Simoneau, Mirabeau ou Voltaire, Hoche ou Joubert, o mártir a ser glorificado, a forma externa da cerimônia permanece quase idêntica. Os mesmos padrões, os mesmos emblemas, as mesmas inscrições continuam voltando.

Esse culto póstumo, prestado aos mártires da liberdade, não se limitava somente aos homens populares, àqueles cujo nome estava nos lábios de todos. Era também concedido a heróis de segunda e terceira ordem por seus próximos, seus amigos, seus compatriotas.

CERUTTI

Giuseppe Cerutti, o primeiro diretor da *Feuille Villageoise*, foi, após sua morte, que ocorreu no início de 1792, objeto de inúmeras cerimônias fúnebres organizadas por seus partidários.[20]

GOUVION

Jean-Baptiste Gouvion, o amigo de Lafayette morto pelo inimigo em 9 de junho de 1792, recebeu as mesmas honras que Cerutti.[21]

FESTAS MORAIS

As cerimônias propriamente cívicas logo se juntaram às cerimônias especialmente mais morais. Se é verdade que as virtudes públicas encontram sua fonte nas virtudes privadas — e os homens da Revolução nisso acreditavam firmemente —, por que essas não receberiam as mesmas honras que aquelas?

No dia 4 de fevereiro de 1790, na sessão da municipalidade parisiense, um granadeiro, cujo nome se perdeu, recebeu uma *coroa cívica* e um sabre de honra por ter salvado, no dia da tomada da Bastilha, uma jovem prestes a ser apedrejada pela multidão que acreditava ser ela a filha do governador.[22]

Outras cerimônias do mesmo tipo foram organizadas em Paris, mas o exemplo da capital não demorou muito a passar pelos departamentos. Em 20 de junho de 1792, o deputado Lacuée informou a seus colegas da Legislativa que o diretório de Lot-et-Garonne acabara de decretar uma festa cívica para recompensar Jean Himonet, um cocheiro que, em um tumulto, salvara um cidadão, colocando sua própria vida em risco. Jean Himonet recebeu, *em nome da pátria*, uma coroa de carvalho. Contando a história dessa festa, Lacuée congratulava-se com os progressos sensíveis do espírito público; ele viu nas recompensas solenemente concedidas aos atos *virtuosos* o prelúdio de *ensaios políticos* dos quais prometeu a si mesmo o grande benefício.[23]

Portanto, a pátria não era mais considerada apenas como o instrumento da felicidade material — tornava-se a salvaguarda da moralidade. Enquanto a antiga religião adiava as recompensas da virtude para o outro mundo, a nova religião as distribuía nesta vida. Os cultos revolucionários darão um grande lugar à pregação moral.

Festas morais, festas políticas, festivais comemorativos, festivais dos mártires da liberdade e o cerimonial da religião revolucionária são delineados em suas características essenciais a partir de 1792. Não são mais artificiais que seu simbolismo. Todos foram formados espontaneamente, sem um plano preconcebido, de modo um pouco aleatório. Eles são o produto anônimo da imaginação coletiva dos patriotas.

CAPÍTULO 11

AS ORAÇÕES E AS CANÇÕES PATRIÓTICAS

INFLUÊNCIA DO TEATRO

Mais do que as cerimônias, um culto causa impressão sobre seus fiéis com as orações e os cânticos. Muito cedo o culto revolucionário teve suas invocações e seus cânticos. Numa data que não é indicada, mas que não deve ultrapassar o ano de 1791, um simples soldado de artilharia da guarda nacional de Blois, J. Bossé, fez publicar toda uma coletânea de orações patrióticas.[1] Os párocos filósofos que então colaboravam na *Feuille Villageoise*, e que mais tarde se tornarão os párocos vermelhos do culto da Razão, sentiram suficientemente depressa a necessidade de pôr em harmonia a fé antiga com a nova. Em novembro de 1791, o pároco de Ampuis (Loire), Siauve, que dirigirá no ano VI o *Écho des Theophilanthropes*, compôs uma oração ao Deus de justiça e de igualdade, que ele destinava a substituir "a oração antiga e supersticiosa do sermão".[2] Pouco depois, um de seus confrades, Couet, pároco de Orville, por sua vez, publicava uma bonita oração patriótica para pedir a Deus que tornasse os franceses dignos da liberdade.[3] Orações desse gênero figurarão nos rituais dos cultos da Razão e do Ser Supremo.

Desde 1792, a fé revolucionária se expressava nas canções que colocavam no coração dos cidadãos uma verdadeira embriaguez religiosa. O Ça *ira*, a *Carmagnole*, a *Marselhesa* rapidamente se tornaram muito populares.

O teatro, pelo qual os franceses tinham paixão, contribuiu para difundir os ares patrióticos e reagiu por sua vez sobre as cerimônias cívicas. Desde 1790, a política foi posta em cena. Os "fatos históricos", as "peças de espetáculo", as "tragédias nacionais" multiplicaram-se, cada vez mais apreciados pelo público. Em 1790, é a *Famille patriote* ou a *Fédération*, de Collot d'Herbois;[4] o *Quatorze Juillet 1789*, de Fabre d'Olivet;[5] o *Autodafé* ou *Le Tribunal de l'inquisition*, de Gatiot;[6] a *Fête de la Liberté* ou *Le dîner des patriotes*, de Charles-Philippe Ronsin;[7] em 1791, *Guilherme Tell*, de Sedaine;[8] *Mirabeau aux Champs-Élysées*, de Olympe de Gouges;[9] o *Triomphe de Voltaire*, de J.-B. Pujoulx;[10] *Voltaire à Romilly*, de Willemain de Abancourt;[11] a *Ligue des fanatiques e des tyrans*, de Charles-Philippe Ronsin;[12] a *France régénérée*, de P.-J. Chaussard.[13] Em 1792, a *Apothéose de Beaurepaire*, de Charles-Louis Lesur;[14] o *Siège de Lille*, de Joigny;[15] o *Général Custine à Spire*, dos cidadãos D. D.;[16] *Tout pour la Liberté*, de Charles-Louis Tissot[17] etc.

Uma peça como o *Triomphe de la République ou le Camp de Grandpré*, de M. J. Chénier,[18] com os seus coros de mulheres e crianças, as suas processões de idosos, de magistrados, seus desfiles militares, sua apoteose da nação, seus hinos muito grandiosos, suas invocações à liberdade, à natureza, não podia deixar de apresentar modelos a imitar aos organizadores das festas patrióticas. Os espetáculos maravilhosos da mesma ordem, postos ao alcance de todos pela simplicidade da ação e pela banalidade das situações, davam ao povo o hábito e o gosto pelos espetáculos, familiarizando-o antecipadamente com os principais temas das festas da Razão.

Por seu lado, as peças patrióticas e as festas cívicas tendiam a juntar-se e a confundir-se. Os eleitores de 1789 fizeram tocar na Notre-Dame a *Prise de la Bastille*, "hierodrama de Desaugiers", durante a cerimônia cívica em que celebraram, no dia 13 de julho de 1791, o grande dia revolucionário.[19]

No mesmo momento em que a Constituinte decretava uma pompa fúnebre em honra a Desilles, no teatro italiano tocava-se o *Nouveau d'Assas*, peça musical dedicada à apoteose do herói do caso de Nancy.[20]

A plantação das árvores da liberdade foi encenada por Manuel em *Chêne patriotique*, na Comédie.

CONCLUSÃO

Existe uma religião revolucionária cujo objeto é a própria instituição social. Essa religião tem seus dogmas obrigatórios (a Declaração dos Direitos, a Constituição), seus símbolos, que são rodeados por uma veneração mística (as três cores, as árvores da liberdade, o altar da pátria etc.), suas cerimônias (as festas cívicas), suas orações e seus cânticos. Nada lhe falta, no final de 1792, para ser uma verdadeira religião, senão tomar consciência de si mesma, rompendo com o catolicismo do qual ainda não está completamente livre. Essa separação da religião nova da religião antiga não se fez de uma só vez. Veremos que foi a obra das circunstâncias tanto quanto dos partidos políticos.

SEGUNDA PARTE

COMO SE DEU A RUPTURA ENTRE A RELIGIÃO ANTIGA E A NOVA?

Fidel Castro, revolucionário socialista e ex-presidente de Cuba

CAPÍTULO 12

O MOVIMENTO ANTICLERICAL SOB A CONSTITUINTE

OS PATRIOTAS E A REFORMA DO CATOLICISMO

Em 1789, ninguém, ou quase ninguém, entre os revolucionários, mesmo os mais avançados, sonhava em atacar o catolicismo de frente e lhe opor criando uma nova religião. Ninguém queria separar a Igreja do Estado, todos eram estranhos à ideia de um Estado totalmente secular.

Isso não quer dizer, no entanto, que muitos deles não fossem determinadamente anticlericais e que não levassem em conta os críticos do *Contrato Social* contra o cristianismo, uma religião *incivil*. Mas, por razões táticas, porque sentiam que a grande maioria das pessoas ainda era muito religiosa, relegavam seu anticlericalismo ao fundo de seus corações e ocasionalmente demonstravam um grande respeito pelo cristianismo. Não foi pura afetação e tática da parte deles. Eles pensavam como Rousseau, Voltaire ou a grande maioria dos filósofos que, uma vez que as pessoas precisam de uma religião, teria sido imprudente remover aquela que elas tinham antes que fossem maduras para essa "religião civil" que eles consideravam a religião da sociedade futura. Enquanto isso, eles fingiam aceitar o cristianismo, a fim de reformá-lo, purificá-lo, colocá-lo em harmonia com a nova instituição política a fim de removê-lo gradualmente de seu caráter antissocial.

Em seu *Mémoires de l'Académie de Nîmes*, Rabaut Saint-Étienne dava uma definição muito exata dessa tática, inteiramente inspirada por Jean-Jacques:

> Não é em destruir a fonte moral da religião que se deve trabalhar. É necessário pensar em retirá-la das mãos em que está tão mal colocada e associá-la ao campo moral da política, colocando-a nas mãos do único administrador de interesses sociais.

Em outras palavras, a religião deve ser colocada sob a vigilância e o controle do Estado. É necessário fazer do catolicismo uma religião nacional. Mas esse é apenas o primeiro passo. Rabaut prossegue:

> Reduzir insensivelmente as procissões, as irmandades, as cerimônias das praças e das ruas (...) Abolir os benefícios eclesiásticos, restringir as assembleias do clero, fazê-lo ser presidido por um homem do rei. Chegará o tempo, depois de subordinar o clero ao governo, de tornar a religião civil, de fazê-la competir com as leis, e de juntar esses dois campos na mesma mão. O poder civil estará, portanto, no seu mais elevado estado de força.[1]

A CONSTITUIÇÃO CIVIL

Os filósofos da Constituinte adotaram esse programa e o colocaram em prática. A Constituição Civil do Clero visava purificar o catolicismo e harmonizá-lo com o novo regime. Era uma obra definitiva no pensamento dos galicanos, cristãos sinceros que votaram a favor, mas apenas um prelúdio, um trabalho de abordagem para os filósofos que acrescentaram seus sufrágios aos deles.

Anteriormente, recusando-se a proclamar o catolicismo a religião do Estado, os filósofos da Constituinte haviam reservado o futuro. No dia 10 de fevereiro de 1791, eles deram bom acolhimento à petição dos quakers, cujas demandas eram:

1) Ser dispensado do serviço militar, incompatível com sua religião;

2) Poder registrar seus nascimentos, casamentos e sepultamentos de acordo com suas próprias máximas e que seus registros criem fé na justiça;

3) Ficar isentos de toda forma de juramento.[2]

Eles fizeram, ainda, melhor acolhimento ao relatório em que Durand de Maillane pedia a secularização do casamento.[3] Depois de Varennes, por fim, eles mantiveram seu tratamento eclesiástico para as cônegas que se casariam, o que era um ataque indireto ao celibato eclesiástico.[4]

OS SACERDOTES REFORMISTAS E A QUESTÃO DO CASAMENTO DOS PADRES

Mas os filósofos da Assembleia foram rapidamente superados pelos filósofos de fora. A Constituição Civil não conseguia satisfazer a parte mais avançada do clero jurado [membros do clero que aceitaram prestar juramento à Constituição Civil], esses padres reformistas que logo seriam os padres vermelhos dos cultos revolucionários. A Constituição os deixava decepcionados. Um padre de Amiens, Lefetz, em relações com Robespierre, escrevia-lhe em 11 de julho de 1790 para lembrá-lo de sua promessa de falar a favor do casamento de padres, reforma de uma necessidade absoluta.[5]

Em novembro de 1790, os jacobinos concederam as honras de uma leitura pública de mensagem que um pároco, "de cinquenta anos", enviara à Assembleia Nacional para pedir que devolvesse aos padres a liberdade de se casar, que estivera em uso constante nos primeiros séculos da Igreja.[6]

La Révellière já havia incluído a abolição do celibato dos padres[7] no caderno de seu município.

Numerosos panfletos, dos quais muitos foram obra de clérigos, levantaram a questão diante da opinião pública e conseguiram, ao que parece, emocioná-la.[8] Logo essa propaganda se traduziu em atos e houve padres que não esperaram 1793 para se casar.[9]

Ainda a respeito de outros pontos, os padres reformistas pediram para complementar, para melhorar a Constituição Civil. Carré, pároco de Sainte-Pallaye (Yonne), pedia à Assembleia Nacional que substituísse a liturgia latina por uma liturgia francesa, e sua mensagem não passou despercebida.[10]

Um pároco, cujo nome não foi mantido, dava o exemplo desde 1790 de renunciar ao traje eclesiástico e se apresentava "em traje de burguês e cabelos tipo rabo de cavalo" no Clube dos Jacobinos, onde era aplaudido. O mesmo pároco havia fundado um clube patriótico em sua paróquia. Ele dava a seu rebanho um duplo catecismo:

> (...) em um, ele explicava os deveres de uma religião sagrada que prega submissão e humildade; no outro, ele interpretava os decretos e inspirava a seus paroquianos, irmãos, amigos e filhos o respeito que era devido às vontades de uma nação unida de coração e mente e a seu rei adorado.[11]

LA FEUILLE VILLAGEOISE

Os padres reformistas logo tiveram, no final de 1790, um grande jornal para escutar sua prosa, *La Feuille Villageoise*,[12] que lhes foi grandemente aberto.

Fundada por Rabaut Saint-Étienne, Cerutti e Grouvelle, a *Feuille Villageoise* foi por excelência o órgão dos inovadores religiosos. Muito cautelosa em seus primórdios, ela aparentemente apenas se propunha a defender a Constituição Civil e divulgar a educação patriótica no campo. Dirigia-se tanto ao padre patriótico quanto ao professor.[13] Mas, pouco a pouco, sob o pretexto de refutar o refratário, ela passou a inserir ataques mais ou menos velados contra a própria religião. Em seu nº 20 (quinta-feira, 10 de fevereiro de 1791), *publicava uma receita contra uma doença antiga que os historiadores chamam de fanatismo*, repleta de críticas muito fortes, embora indiretas, contra os dogmas católicos. Os números a seguir redobraram de ousadia; elogiavam, por exemplo, a religião natural e, de acordo com as teorias que logo Dupuis desenvolverá em seu *Origine de tous les cultes*, encontravam no cristianismo os símbolos naturalistas:

> Nem os monges, nem os papas, nem os séculos, nem as novidades de qualquer espécie foram capazes de mover as quatro grandes festas do sol ou da religião agrícola [a religião primitiva]. A São João perpetuou as festas do solstício de verão, a Virgem perpetuou a festa do equinócio de outono, o Natal perpetuou a do solstício de inverno, o dia da Páscoa, finalmente, perpetuou a do equinócio da primavera, e a ressurreição de Cristo combinou de maneira santa com a ressurreição dos campos, que a primavera faz nascer e reflorir. O Egito comemorava no mesmo dia a ressurreição simbólica de Osíris. A Fenícia celebrava no mesmo dia o renascimento de Adônis; a Frígia, o de Átis; a Grécia, o de Psiquê; a Sicília, o de Proserpina; a Pérsia, enfim, o de Orosmade.[14]

P. Manuel, que não demoraria em se tornar o primeiro chefe dos descristianizadores, se indignava, no mesmo jornal, com o fato de que tivessem sido feitas missas para o descanso da alma de Mirabeau! "MISSAS[15] para Mirabeau! Será que pães para os pobres não é melhor?" E Manuel citava com fortes elogios a patriótica conduta de um pequeno município de Loiret, Mormant, cujo prefeito, P. Bardin, *que era ao mesmo tempo pároco*, tinha substituído as missas por distribuições de pão aos pobres, "as bênçãos dos pobres sendo as orações mais agradáveis aos olhos do Eterno".[16]

Sem dúvida, em um aviso colocado no cabeçalho do segundo volume de seu diário, Grouvelle e Cerutti pareciam repudiar os ataques ao catolicismo que eles tinham acolhido em suas colunas. Mas o repúdio deles era mesmo uma crítica à religião a qual eles diziam respeitar:

> Repreenderam-nos por termos mostrado um pouco de intolerância contra o papismo, repreenderam-nos por nem sempre termos poupado a imortal árvore da fé. Mas que se considere de perto essa árvore inviolável e se perceberá que o fanatismo tanto se entrelaçou em todos os seus ramos que não se pode atacar um sem parecer que se bate no outro.

A *Feuille Villageoise* prosseguiu com sua propaganda anticlerical. Os padres reformistas continuaram a escrever nela ao lado dos filósofos: Géruzez, pároco de Sacy, perto de Reims, ao lado de Gilbert Romme e de Lanthenas; Mahias, pároco de Achères (Seine-et-Marne), ao lado de Ginguené e de Jacques Boileau; François-Nicolas Parent, pároco de Boissise-la-Bertrand, e Siauve, pároco de Ampuis — terminarão ambos na teofilantropia —, ao lado de François de Neufchâteau e da sra. de Sillery. Uns e outros coloram seus artigos no mesmo tom.

Desde o primeiro ano, o jornal contava com quinze mil assinantes, um número muito grande para a época. Não coloco em dúvida que, sem a campanha hábil e prolongada da *Feuille Villageoise*, a obra de descristianização de Chaumette e Fouché teria sido impossível.

CAMPANHA ANTICLERICAL

A *Feuille Villageoise* foi o jornal filosófico por excelência, mas outros grandes jornais políticos — a *Chronique de Paris*, de Condorcet[17] e Rabaut,[18] o *Revolutions de Paris*, de François Louis Prudhomme[19] — lideraram com ela o bom combate e inseriram a partir de 1790 ataques mais ou menos diretos contra a Constituição Civil e contra o cristianismo. Estava manifesto que os filósofos se sentiam encorajados e que o respeito levemente hipócrita que até então tinham mostrado para com a religião começava a pesar cada vez mais sobre eles.

ANACHARSIS CLOOTS E A
SEPARAÇÃO ENTRE ESTADO E IGREJA

A partir de março de 1790, Anacharsis Cloots não poupa mais o catolicismo: "Se uma religião é necessária para o povo", escreve na *Chronique de Paris*,[20] "só pode ser a religião natural", e ele acredita que chegou a hora de estabelecer essa religião natural que Rousseau e Rabaut-Saint-Étienne apenas tinham vislumbrado num longínquo incerto. Não somente ele preconiza o casamento de padres, o divórcio, a redução do número de bispos e depois sua abolição, como que não haja outros pregadores além dos pais de família. Seu anticlericalismo se afirma nos panfletos, na imprensa e até na tribuna dos jacobinos. Em seu medo de uma religião dominante, Cloots logo se eleva à ideia do secularismo do Estado e propõe aos jacobinos:

> (...) imitar os americanos, que têm o bom senso de reconhecer que um corpo político, que o Soberano não tem religião, embora os membros do Soberano possam ter uma individualmente. A religião é um relacionamento entre Deus e minha consciência, mas não entre Deus e consciências tomadas coletivamente.[21]

Uma vez estabelecido o princípio, ele tira todas as suas consequências; ele quer proibir todas as manifestações externas dos diferentes cultos, "para concentrar o exercício dos cultos dentro do recinto dos oratórios".[22] Muito rapidamente, a religião não lhe parece mais indispensável para a vida da sociedade — ele passa para o ateísmo e começa a atacar abertamente as bases de todas as religiões. Em 20 de abril de 1791, Cloots traz para Fauchet o desafio de discutir publicamente as provas e os fundamentos do cristianismo[23] e, nessa ocasião, solicita formalmente que a Constituição Civil seja divulgada e que o Estado deixe de pagar o salário dos padres, a quem ele chama "contadores de boa sorte ou má aventura".

JACQUES-ANDRÉ NAIGEON

Anacharsis Cloots, para quem Camille Desmoulins abriu seu jornal, não estava sozinho nessa campanha pelo secularismo do Estado. O ateu Naigeon desenvolveu considerações análogas às dele:

> Mensagem à Assembleia Nacional sobre liberdade de opinião, liberdade de imprensa etc., ou exame filosófico destas perguntas: 1) Deve-se falar de Deus e, em geral, da religião em uma Declaração dos Direitos do Homem? 2) A liberdade de opinião,

> qualquer que seja seu objetivo, a de culto e a de imprensa po-
> dem ser legitimamente circunscritas e dificultadas de qualquer
> maneira pelo legislador?[24]

Nesse documento, Naigeon exigia, antes de Cloots, a completa separação do Estado e das Igrejas. Ele queria banir o nome de Deus do direito
natural, do governo civil, do direito das pessoas, da moral. Naigeon se
pronunciava energicamente para a supressão do salário dos padres.

Sua brochura impressionou, pois os católicos tentaram responder.
Um deles cobriu Naigeon de insultos e declarou que ele era apenas o
órgão de todo um poderoso partido na Assembleia.[25]

SYLVAIN MARÉCHAL E O CULTO DOMÉSTICO

Sem ir tão longe quanto Cloots e Naigeon, o ateu Sylvain Maréchal,
por sua vez, desejava a supressão da casta sacerdotal.[26] Mas enquanto
Cloots e Naigeon pareciam fazer guerra à própria ideia religiosa,
Maréchal, estimando que o povo ainda não estava maduro para o racio-
nalismo, pedia a manutenção de um culto, mas de um culto doméstico,
que só teria vantagens. Meio agradável, meio sério, Maréchal descrevia
esse culto sem padres que ele queria instituir. O mais antigo de cada
lugarejo doravante desenvolveria o ofício dos padres. "Uma barba venerável substituirá os ornamentos sacerdotais." O padre-chefe da família
casará, sepultará, "atestará o nascimento dos filhos". Para todo culto,
"sentado na soleira da porta durante o verão ou em frente a uma lareira
quente e conveniente no inverno", ele pronunciará homilias curtas e
comoventes. Ele oferecerá "as primícias da terra ao deus da Natureza",
fará cantar hinos alternados às meninas e aos homens jovens. Duas
vezes por ano, ele dará a comunhão a seus filhos; no final da colheita,
distribuindo-lhes um bolo do mais fino trigo; no final da vindima,
fazendo dar a volta à mesa um cibório grande cheio de vinho novo. Na
época da antiga festa das rogações, no dia 1º de abril, com seus filhos,
ele caminhará por sua propriedade invocando "o deus da fertilidade".
Todos os anos, no início do inverno, na época do antigo Dia de Todos os

Santos, ele comemorará a memória dos antepassados falecidos que mais honraram a família. No Natal, irá comemorar o nascimento dos filhos. No dia da antiga Sexta-Feira Santa, ele enviará consolos aos membros da família que terão sofrido "seja de uma doença ou de dores de espírito ou de coração". Quando os filhos do sexo masculino tiverem vinte anos, e as meninas, quinze, o padre-chefe da família lhes conferirá, diante dos pais reunidos, a crisma:

> O jovem se oferecerá de cabeça nua (...) O sacerdote lhe cobrirá a cabeça com o barrete da liberdade, dizendo-lhe: "Eu o saúdo em nome de seus pais e de seus semelhantes. A natureza o fez homem como nós; nós confirmamos os seus direitos, nós nos confirmamos nos deveres."

Essas imaginações não faziam sorrir tanto quanto poderíamos pensar e, tão efetivamente quanto a lógica de Cloots e Naigeon, minavam gradualmente a Constituição Civil.

O MAGISTRADO-PADRE

Ao culto doméstico proposto por Maréchal, um anônimo que poderia bem ser, segundo certas indicações, Boissy d'Anglas, preferia um teísmo do Estado. Numa curiosa brochura, certamente publicada em 1790 e cujo título elucida bem o conteúdo — *Magistrat-Prêtre*[27] —, ele propunha, segundo suas expressões:

> (...) o restabelecimento da ordem pela reunião do pontificado e da soberania nacional, do sacerdócio à magistratura e do sacrifício dos interesses dos sacerdotes à necessidade de conservar a religião.

Em outras palavras, considerando que a Constituição Civil ainda deixava à Igreja muita força dentro do Estado, o autor anônimo queria instituir uma nova religião de Estado, que não seria o cristianismo, mas o teísmo.

O cristianismo é antissocial, é uma religião de escravos, é o apoio mais firme dos impérios despóticos. A Assembleia Nacional errou ao assalariar os ministros do cristianismo romano, assalariando assim a intolerância, o amor da dominação, "os autômatos da Providência". É preciso, portanto, destruir o cristianismo, mas ele deve ser substituído. Não é verdade que uma sociedade de ateus possa subsistir, Pierre Bayle só pode sustentá-la por um sofisma. Os ateus de boa-fé não existem. Além disso, mesmo que fosse verdade que a religião era apenas "uma superstição refinada", "não se pode negar que a superstição em si se deve à natureza do espírito humano". Desse modo, devemos tomar os homens como eles são. Por serem naturalmente supersticiosos e precisarem de uma religião, que essa religião pelo menos promova a liberdade, longe de prejudicá-la, e que ela dependa diretamente da nação. A partir de agora, os sacerdotes serão magistrados removíveis e temporários nomeados pelo povo, e eles ensinarão o puro teísmo. Caberá à Assembleia Legislativa Nacional, que se reunirá, trazer à Constituição Civil do Clero as reformas necessárias, e para isso é necessário que essa Assembleia seja "reconhecida como soberana em relação à parte espiritual do culto religioso". Essas reformas feitas, a unidade será restaurada entre religião e legislação, entre a Igreja e o Estado, entre o céu e a terra, aquela unidade frutífera que fizera a felicidade das cidades antigas!

PANFLETOS ANTICLERICAIS

Essa pregação não ficou sem eco. Prova disso é "o número cada vez maior de panfletos anticlericais"[28] e o sucesso que alguns deles alcançam. A primeira edição do *Esprit des religions*, de Bonneville, sai "com grande rapidez, visto que há poucos exemplos em tempos de Revolução".[29] O panfleto de Ginguené *De l'Autorité de Rabelais dans la Révolution présente, et dans la Constitution civile du clergé*[30] não foi menos bem acolhido.

Encontra-se a licenciosa verve das pequenas fábulas contra os sacerdotes e os monges em numerosos escritos de circunstância que, sob o pretexto de aplaudir a Constituição Civil, o confisco de propriedades da Igreja, o fechamento de conventos, atacavam, na realidade, a Igreja e a própria religião. Às vezes, o título é tão indecente que é difícil de reproduzir.[31]

Um desses escritos satíricos, sob o título de *Enterrement du despotisme ou Funérailles des aristocrates*,[32] descrevia previamente, em 1790, uma dessas procissões grotescas, uma dessas máscaras antirreligiosas, como aconteceria nas ruas três anos depois:

> Homens vestidos de preto carregarão, de distância em distância, na ponta de lanças, peles de tigre, penas, plumas, sobrepelizes, mitras, vestes vermelhas etc. (...) e tudo o que se relaciona com as antigas dignidades do clero e da nobreza, e especialmente do antigo arcebispo de Paris, dando a bênção com sua pata.

O MOVIMENTO ANTICLERICAL PREOCUPA OS JACOBINOS

O movimento anticlerical logo se tornou forte o suficiente para preocupar políticos cautelosos. Em 9 de janeiro de 1791, os jacobinos enviaram uma circular[33] a seus afiliados para alertá-los contra as armadilhas dos padres refratários. A circular tomava fortemente a defesa da Constituição Civil, e repudiava implicitamente os ataques a que fora submetida por parte dos filósofos muito apressados. Ela protestava contra o boato, generalizado "com afetação", segundo o qual a Assembleia se proporia a destruir "o culto de nossos pais". "Que calúnia absurda!" era transformar os filósofos com uma habilidade pérfida em aliados e cúmplices dos refratários.

Em 13 de junho de 1791, para melhor demonstrar seu respeito pelo catolicismo, os jacobinos concederam as honras de sua sessão "aos jovens comunicantes da igreja metropolitana". A cena fora preparada com antecedência, porque um dos comunicantes proferia um discurso: "Mal saídos das mãos da religião, viemos no meio de vocês lhes dar provas do patriotismo com o qual somos inflamados", e Prieur, que presidia a sessão, respondeu: "Vocês acabaram de ser adotados pela religião. A pátria, por sua vez, adota vocês."[34]

A RELIGIÃO DA PÁTRIA CONSIDERADA COMO UM COMPLEMENTO À CONSTITUIÇÃO CIVIL

Mas, se os jacobinos ainda professavam respeitar a religião, eles já colocavam ao lado dela a pátria, que também era uma religião.

Logo ocorreu-lhes a ideia de, mais ou menos conscientemente, completar de alguma forma a Constituição Civil com toda uma série de feriados nacionais, de cerimônias cívicas, que seriam mais especialmente a escola do patriotismo. A partir de então, a Constituição Civil não passava, no espírito deles, de uma concessão necessária feita ao passado, e os feriados nacionais preparavam o caminho para a religião do futuro.

Essa ideia de organizar gradualmente um culto cívico, complementar e corretivo do outro, não foi sugerida aos políticos por visões teóricas, por considerações abstratas. Os símbolos revolucionários e as celebrações cívicas não esperavam a intervenção dos políticos para nascer. Pelo contrário, foi o espetáculo do culto revolucionário já formado nas Federações que provocou neles o desejo de aperfeiçoá-lo, sistematizá-lo, torná-lo, em uma palavra, um instrumento político.[35]

No dia seguinte ao da Federação, um padre patriótico, partidário da abolição do celibato eclesiástico e tão avançado em política quanto os sacerdotes da *Feuille Villageoise*,[36] concebia o projeto de organizar festas patrióticas para fazer amar a Constituição. Escrevia ele:[37]

> O melhor tratado de moral de um povo livre seria talvez a compilação das festas da liberdade. É através de jogos e shows que se pode inspirar nos homens o amor dos costumes e a coragem da virtude. A linguagem severa das leis, se se faz ouvir no coração humano, não convence facilmente a observação, porque elas apenas impõem sacrifícios, e esse entusiasmo e a emulação da glória podem sozinhos comandar sacrifícios.

A ideia ganhava terreno. Após a fuga para Varennes, Gilbert Romme, contando na *Feuille Villageoise* a festa cívica que ele organizara para comemorar a abolição do dízimo, pedia, por sua vez, que as festas patrióticas fossem generalizadas. Juntamente com a religião cristã, ele falava em erguer a religião da lei. "A lei é a religião do Estado, que também deve ter seus ministros, seus apóstolos, seus altares e suas escolas."[38] Na mesma carta, G. Romme também pedia a revisão da Constituição e fazia ouvir uma linguagem republicana. Não é duvidoso que no dia 20 de junho de 1791 fizesse muito pelo progresso das ideias avançadas tanto em religião quanto em política.

MIRABEAU E AS FESTAS NACIONAIS

Os próprios constituintes gradualmente se deixavam arrastar pelo movimento. Em julho de 1791, sob o título de *Travail sur l'éducation publique trouvé dans les papiers de Mirabeau l'aîné*,[39] Cabanis editava quatro discursos inéditos de Mirabeau, dos quais um tratava "das festas públicas, civis e militares". Aqui, o pensamento ainda vago de Romme e do pároco patriota se tornou preciso, se ampliou, se transformou em uma visão política sistemática.

As festas nacionais, diz Mirabeau essencialmente, de novo se tornarão o que foram outrora na Grécia e em Roma: uma escola de patriotismo e de moral. Elas gradualmente trarão de volta a unidade entre a "magistratura e o sacerdócio"; elas farão desaparecer as desconfianças e os preconceitos dos cidadãos. Seu objetivo "deve ser apenas *o culto à liberdade, o culto à lei*". Além disso, jamais se misturara "nenhum aparato religioso".

> A severa majestade da religião cristã não lhe permite que se misture aos espetáculos profanos, aos cantos, às danças, aos jogos de nossas festas nacionais e que se compartilhem seus barulhentos transportes.

Por essa razão ilusória, da qual ele teve que sorrir internamente, Mirabeau salvaguardava a independência da religião nova e, sem dúvida, reservava-se de se opor a ela e depois de substituí-la à antiga em um futuro mais ou menos distante. Assim, a unidade "do sacerdócio e da magistratura" será restaurada como na antiguidade.

Haverá a cada ano quatro festas civis que se celebrarão nos solstícios e nos equinócios, até nos menores municípios: 1) a festa da *Constituição*, em memória ao dia em que os municípios da França se constituíram em Assembleia Nacional; 2) a festa da *reunião* ou da *abolição das ordens*; 3) a festa da *Declaração dos Direitos*; 4) a festa do *armamento* ou da *tomada de armas* "em memória do admirável acordo e da coragem heroica com que os guardas nacionais subitamente se formaram para proteger o berço da liberdade".

As quatro festas civis serão seguidas por quatro festivais militares: 1) a festa da *Revolução*; 2) a festa da *coalizão*, "em memória da conduta das tropas de linha durante o verão de 1789, em que a voz da liberdade as uniu em torno da pátria"; 3) a festa da *regeneração*; 4) a festa do *juramento militar*, cujo "objetivo é fazer o exército sentir suas relações particulares com a coisa pública, lhe reconstruir seus deveres em caráter sensível". Haverá, finalmente, todos os anos, no dia 14 de julho, uma grande festa nacional, a *festa da Federação ou do juramento*. Nesse dia, todos os distritos do reino enviarão a Paris um delegado tomado indiferentemente entre os oficiais, os oficiais inferiores ou os simples soldados.

Mirabeau esboçava com antecedência o programa dessas festas nacionais. Nos festivais civis, "[se pronunciarão] os elogios fúnebres dos homens que terão prestado serviços à pátria ou que a teriam honrado com seus talentos":[40] se distribuiriam lá "todas as recompensas públicas, os prêmios das Academias e também os dos colégios";[41] ali se representariam peças de teatro;[42] se exibiriam as novas obras-primas de pintura, de escultura, de mecânica e, finalmente, de todas e quaisquer artes.[43]

Não estavam lá, notemos mais uma vez, sonhos de um espírito abstrato, invenções de uma imaginação fantasiosa, mas concepções de homem de Estado que não demorarão a entrar nos fatos, que já estão em rota de execução. Como o padre patriótico desse instante, Mirabeau, de fato, se inspirou no exemplo da Federação e das muitas festas cívicas que se seguiram.[44]

No entanto, seu trabalho póstumo não terá uma menor importância para a formação de cultos revolucionários por isso. Ele sistematizou uma ideia ainda vaga e deu-lhe a autoridade de seu grande nome. Os numerosos projetos de culto cívico que se seguirão serão imitados do dele e não lhe acrescentarão quase nada de essencial. Ele é o primeiro, finalmente, a afirmar com clareza que era necessário separar a religião revolucionária do catolicismo. Seus conselhos não serão perdidos.

TALLEYRAND

Por sua vez, no volumoso relatório que apresentou em nome do Comitê de Instrução Pública nos últimos dias da Constituinte, Talleyrand se inspirou no projeto de Mirabeau, seu amigo.[45] As festas nacionais são consideradas por ele como uma parte da educação pública, como a escola de homens feitos. Ele espera, com Mirabeau, que elas sustentem nos franceses "o amor à pátria, essa moral quase única dos antigos povos livres". Ainda com Mirabeau, ele acredita que a religião estaria deslocada nas festas nacionais da "alegria", e a descarta, mas mantém um lugar para ela nas festas da "dor". Não importa que ele não siga Mirabeau ponto por ponto, que reduza para duas as festas periódicas, as de 14 de julho e de 4 de agosto, que não separe de modo algum o catolicismo do "culto à liberdade" — seu projeto, no entanto, na prática, equivale a opor a religião antiga à nova religião.

CONCLUSÃO

A Constituinte não teve o tempo material para discutir o relatório de Talleyrand. Porém, ela quis, antes de se separar, consagrar por um voto de princípio a instituição das festas nacionais. Sob a proposição de Thouret, ela adotou por unanimidade este artigo adicional à Constituição: "Serão estabelecidas festas nacionais para conservar a memória da Revolução Francesa, manter a fraternidade entre os cidadãos, atrelá-los à Pátria e às leis."[46]

Não é exagerado acreditar que, sem o conhecimento, talvez, da maioria dos que votaram a favor, os cultos revolucionários estavam em fase embrionária nesse artigo.

CAPÍTULO 13

O MOVIMENTO ANTICLERICAL SOB A LEGISLATIVA

OUTUBRO-DEZEMBRO DE 1791

A Legislativa teve que lidar, desde suas primeiras sessões, com a questão religiosa. A Constituição Civil do Clero causara sérios distúrbios em toda a França, especialmente nos campos.[1] Os padres constitucionais apenas se mantinham nas cidades e, assim mesmo, nelas, eles eram molestados pelos partidários dos refratários.[2] Encarregados de aplicar a lei, a maioria dos municípios enfraquecia quando não favorecia abertamente os refratários. Vendo-se na iminência de serem oprimidos, os jacobinos, que eram os melhores apoiadores do clero constitucional, pediram à Assembleia, que haviam acabado de eleger, novas armas contra os padres rebeldes. Começava a se tornar evidente que a Constituição Civil falhara em seu propósito. Em vez de apoiar a nova instituição política, ela a minava e preparava sua ruína. Antes do perigo inesperado e antes do remédio, os patriotas se dividiram. Aqueles que eram vinculados ao clero constitucional não quiseram abandoná-lo. Talvez imaginando que a agitação religiosa fosse apenas superficial e que desapareceria se os verdadeiros autores dos distúrbios, os padres refratários, fossem intimidados, eles propuseram tomar contra eles toda uma série de medidas coercitivas. Outros patriotas, pelo contrário, mais clarividentes ou menos comprometidos com a causa do clero constitucional, relutavam em usar força e violência para consolidar ou impor a nova Igreja oficial. Respeitosos da liberdade dos cultos inscrita na Declaração dos Direitos, esses patriotas combateram as medidas de exceção propostas contra os refratários e pediram que eles desfrutassem, na prática de seu culto, dos mesmos direitos seus. Em outras palavras, por espírito político e escrúpulo liberal, eles avançaram em direção à concepção do Estado secular, em direção a essa separação da religião e do Estado que só os especulativos, minoria de pensadores, de irregulares sem influência, tinham defendido até agora.

O partido separatista cresceu de repente, dado que os "filósofos" puros logo se juntaram aos partidários mascarados dos padres refratários, que viram na separação os meios de remover de sua igreja a iminente perseguição.

GODEFROY

Antes mesmo que a Legislativa se reunisse, Godefroy, "mestre de matemáticas", reclamava a "supressão absoluta" da Constituição Civil do Clero em um escrito de lógica rígida.[3] Em substância, Godefroy dizia que, uma vez que toda religião é essencialmente uma questão de consciência, o Estado só deveria lidar com ela do ponto de vista da boa ordem. Em assuntos religiosos, todo o seu direito consiste em fazer os regulamentos policiais. No entanto, existem muitos franceses que não usam os ministros da religião e, no entanto, são forçados a contribuir para sua manutenção. O número de franceses que usam os ministros do culto não oficial é ainda mais considerável, e eles são forçados a contribuir também para os custos do culto, o próprio inimigo.

> De que a manutenção de funcionários públicos, como juízes civis, pese sobre todos os cidadãos, ninguém tem o direito de reclamar, porque se alguém dissesse, para se defender, que está decidido a nunca intentar uma ação judicial contra ninguém, lhe responderia com razão dizendo que ele não tem certeza de que outros não lhe intentariam um processo (...) Mas não se pode dizer o mesmo para aqueles que não seguem a religião para a qual o Estado paga aos ministros.

Que não se tente, aliás, salvar a Constituição Civil invocando o interesse da moral:

> Dir-se-ia que os ministros constitucionais são necessários para formar e regular os costumes dos cidadãos? Mas, portanto, seria preciso dizer também que haverá bons costumes apenas entre os cidadãos ensinados pelos ministros constitucionais, que a moral dos ministros dos outros cultos pode apenas produzir a corrupção e consequentemente que a sã filosofia exige a intolerância!

E Godefroy concluía: aqueles que querem os padres que os paguem. "Assim é que foram mantidos os padres da primeira igreja. São Pedro e São Paulo, e seus primeiros sucessores, não eram remunerados pelos soberanos." Em sua opinião, não é somente a lógica, não são somente os princípios que reclamam essa solução, mas a política sã. "Isso destruirá uma das principais causas da funesta divisão que desola o reino e *que coloca toda a Constituição em perigo no caso de uma invasão estrangeira.*"

UM ANÔNIMO

Godefroy não imaginava, talvez, quão boa era a sua predição. Um anônimo, que poderia muito bem ser um deputado da Legislativa, por sua vez, tratava a questão com não menos bom senso e mais profundidade.[4]

"O governo civil", ele colocou em princípio, "como especialmente é constituído na França, não deve mais se meter na religião tanto quanto na física e na astronomia". A Constituição Civil deve apagar, uma religião dominante supondo necessariamente algumas religiões dominadas. "Que o governo faça constatar o estado dos cidadãos sem a intervenção de padres, que os nascimentos, os casamentos e as mortes sejam notados por outros que não por eles!" A secularização completa do Estado não é exigida apenas através dos princípios, é exigida pela situação política.

> Dos dois partidos que hoje chamam a opinião pública sobre essa discussão, um [os constitucionais] exige ser ajudado a dominar

e perseguir; o outro [os refratários], de quem este conveniente papel foi retirado, demanda que pelo menos seja perseguido.

Não se objete que o Estado propagará a irreligião se não proteger o culto. O ateísmo não é para ser temido, e além disso, essa doutrina absurda exclui pelo menos o fanatismo.

ANDRÉ CHÉNIER

Talvez uma alma pagã, André Chénier juntou-se entre os primeiros dos mais quentes partidários da separação e a advogou em um notável artigo do *Moniteur*,[5] enquanto protestava contra os rigores que se destinavam aos refratários:

> Seremos libertados da influência de tais homens (os sacerdotes) somente quando a Assembleia Nacional tiver mantido para cada um a inteira liberdade de seguir e de inventar tal religião que lhe agradara. Quando cada um pagar o culto que vai querer seguir e não pagar um outro, e quando os tribunais punirem com rigor os perseguidores e os turbulentos de todos os partidos. E se alguns membros da Assembleia Nacional ainda dizem que todo o povo francês não é maduro o suficiente para essa doutrina, é necessário lhes responder: é possível, mas cabe a você amadurecer-nos por sua conduta, por seus discursos e pelas leis.

E para concluir ele também pediu que os atos do estado civil fossem retirados dos padres.

DISCUSSÃO SOBRE OS SACERDOTES NA LEGISLATIVA

No exato momento em que André Chénier escrevia esse artigo, uma discussão longa e tempestuosa sobre padres refratários se abria na Legislativa. Por mais de um mês, os partidários da austeridade e os partidários da liberdade conflitaram seus argumentos em um corpo a corpo áspero e confuso.[6]

Finalmente, os girondinos acreditaram ter encontrado uma solução mista e o decreto de 29 de dezembro de 1791[7] deu pelo menos aparente satisfação às duas partes. Para salvaguardar o princípio da liberdade de culto ao autorizar as medidas coercitivas, os girondinos tiveram a ideia de exigir dos padres refratários, em lugar do antigo juramento da Constituição Civil, o juramento cívico puro e simples. Se os refratários recusassem o novo juramento, não seriam mais apontados como padres, mas como maus cidadãos. Rousseau não demonstrara, no *Contrato Social*, que a sociedade tinha o direito de rejeitar aqueles de seus membros que se recusavam a reconhecer suas leis fundamentais? Ao recusarem-se a assinar o pacto social, os refratários se colocariam à parte do direito comum. Todo aquele que não quer reconhecer a lei "abdica voluntariamente dos benefícios que somente essa lei pode garantir".[8]

Assim, os girondinos fizeram passar as moções dos partidários de maneira forte. Os refratários que não prestassem o juramento cívico seriam "considerados suspeitos de revolta contra a lei e de más intenções contra a pátria"[9] e, consequentemente, poderiam ser privados de seus salários e pensões e do uso das igrejas,[10] bem como ser afastados de suas residências,[11] internados na capital do departamento[12] etc.

Ao considerar as coisas apenas em termos amplos, parecia que os partidários da liberdade haviam sido derrotados, uma vez que, de fato, a Constituição Civil permanecia sendo a lei do Estado e que o Estado colocava a serviço do culto oficial sua polícia e seus tribunais. Era uma satisfação muito irrisória ter incluído no preâmbulo de um decreto perseguidor uma declaração de princípio em favor da liberdade de culto. E, no entanto, se olharmos um pouco mais de perto, não será preciso reler os debates por um longo tempo para perceber que, na realidade, a Constituição Civil emergia da batalha mais do que diminuída, atingida até a morte.

Os partidários e os adversários da lei foram quase unânimes em condenar o trabalho religioso da Assembleia Constituinte. Sentimos em ambas as partes o mesmo desprezo pelos padres, a mesma irreligião fundamental, e, se eles diferem, é menos uma questão de princípio do que de oportunidade. Estes acreditam que podem recuar, aqueles receiam que um recuo possa ser fatal para a Revolução. Mas ambos estão firmemente convencidos de que a Revolução pararia na Constituição Civil. Muitos já vislumbram o culto cívico que a substituirá e é notável que os oradores, que pedem as medidas mais rigorosas contra os refratários, sejam os primeiros a reclamar da progressiva laicização dos serviços públicos, a denunciar a ignorância e o fanatismo como a verdadeira e única causa das confusões e a propor como remédio soberano a organização de uma instrução pública e, até lá, uma propaganda cívica que arrancará o povo do prestígio dos padres, alguns até dizem de todos os padres.

Monneron de Nantes quer que se ataque com força os padres perturbadores e os condene ao exílio:

> (...) mas não basta aos legisladores de um grande império deter a desordem, eles devem arrancar a raiz. É a ignorância dos povos que serve de base para os triunfos da impostura sobre a verdade, é a essa ignorância que se deve pôr fim (...) Apressem-se em destruir os prestígios de uma idolatria cega, estabeleçam prontamente essas escolas primárias que Talleyrand propôs no seu sublime memorando sobre a instrução pública; mas enquanto se aguarda o estabelecimento das escolas primárias, proponho fazê-lo o mais rapidamente possível e enviar a todos os departamentos um catecismo de moral e de política que ilumine o povo sobre seus verdadeiros interesses.[13]

Baert, que lhe respondeu, encontrou, para combater as medidas de rigor, um argumento de grande força e que foi aplaudido:

> Não conheço meio-termo: ou deve-se deixar a liberdade de consciência ou deve-se perseguir; ou deve-se esquecer os padres e olhá-los apenas como simples cidadãos, o que eles apenas são aos olhos da lei, ou deve-se renovar a moção de dom Gerle e declarar rapidamente uma religião dominante, ou seja, persecutória. Cuidado com o domínio dos padres; não voltemos à infância depois de ter atingido a maturidade, e não prolonguemos suas brigas

escandalosas, dando-lhes uma importância que elas deixarão de ter tão logo sejam cobertas com o desprezo que merecem.[14]

Ninguém nas bancadas dos bispos constitucionais, que eram numerosos na Assembleia, ousou protestar contra esse discurso: nenhum deles teve a ideia de responder ao desafio ou de assumir por conta própria a moção de dom Gerle, seguros que estavam das boas-vindas que os aguardariam.

Os bispos constitucionais mantiveram o mesmo silêncio impotente e resignado quando Hilaire, indo ainda mais longe do que Baert, propôs decretar:

> (...) que todos os cargos e empregos civis *seriam* incompatíveis com o sacerdócio, que a educação pública *seria* confiada apenas às pessoas seculares, exceto o estudo da teologia, que poderia ser professada pelos eclesiásticos; finalmente, que as certidões de casamento, de batismo e de óbito seriam registradas pelo registro municipal, na presença de um oficial municipal e de duas testemunhas.

Hilaire desenvolvera sua proposta atacando de frente a instituição do clero: "Todos sabemos, por experiência própria, que, por muito tempo, o clero, *qualquer que seja*, não contente com as funções sacerdotais, sempre se imiscui nas funções civis." A influência dos padres, segundo ele, "é sempre perigosa, e sua opinião, suspeita".

> Acostumados a acreditar que estão acima dos homens, eles querem dominá-los, e por se considerarem mais perfeitos, qualquer outra opinião é apenas o diminutivo das inspirações que chamam de divinas.[15]

O bispo de Périgueux, Pontard, pediu que o orador fosse chamado à ordem e aos verdadeiros princípios da Constituição, mas a Assembleia passou à ordem do dia.

Nos dias que se seguiram, as mesmas opiniões antissacerdotais foram trazidas para a tribuna. Huguet[16] fez esta profissão de fé:

Para um bom governo, a religião nada mais é do que o exercício das virtudes sociais; para o indivíduo que a professa, ela é sua opinião, seu templo está em seu coração, seu culto é seu preconceito, a liberdade é seu sacerdote.[17]

Ducos reclama a laicização completa do Estado:

Separem do que diz respeito ao Estado tudo o que diz respeito à religião; assimilem a manifestação das opiniões religiosas à manifestação de todas as outras; assimilem as assembleias religiosas a todas as outras reuniões de cidadãos; que todas as seitas tenham a liberdade de escolher um bispo ou um imã, um ministro ou um rabino, como as sociedades populares, por exemplo, têm a liberdade de eleger em seu seio um presidente e secretários; que a lei seja sempre dirigida ao cidadão e jamais ao sectário de qualquer religião; finalmente, que a existência civil e política seja absolutamente independente da existência religiosa.[18]

Lequinio sustentou que todos os cultos, no fundo, se valiam e pareciam igualá-los. Ele lembrou que "em todas as religiões, a multidão sempre foi vítima de sua ignorância e que rios de sangue foram derramados, que milhões de homens se rasgaram porque não se entendiam".[19] Seu discurso pareceu tão ousado que vários murmúrios o interromperam. Sem dúvida, os deputados ainda não queriam parecer aprovar a campanha antirreligiosa perante o país. Mas, apesar de suas reservas calculadas, eles deixavam transparecer cada vez mais suas reais opiniões.

Dois dias depois, em um discurso vigoroso, Ramond fez o processo à Constituição Civil "em nome da filosofia".

Contra a lógica dos oradores "filosóficos", os padres deputados e os bispos não tinham nada a responder. Audrein, um deles, se limitava a pedir à Assembleia que afastasse a religião de seus debates e reconhecesse os serviços prestados à Revolução pelos padres juramentados.[20] Tomando o texto do anúncio da demissão recente do metropolitano de Rouen, ele fez os patriotas terem medo de outras demissões de padres juramentados. Se o movimento se generalizasse, o que seria da

Revolução? Em poucas palavras: Audrien pareceu defender as circunstâncias atenuantes para a Constituição Civil. Ele invocou em seu favor certas razões políticas e não levou ao corpo a corpo o argumento de seus adversários.

O impetuoso Fauchet, que apareceu várias vezes na tribuna, não fez outra coisa. Ele pronunciou uma veemente diatribe contra os refratários, que "gostariam de nadar no sangue dos patriotas",[21] que "trabalham para derrubar o edifício das leis", e reclamou a supressão de suas pensões. Mas ele não tentava responder aos partidários do secularismo do Estado.

Os outros bispos constitucionais que tomaram a palavra, Torné, Bertrand etc., embora repudiando a linguagem intolerante de seu colega Fauchet, imitaram seu silêncio sobre a questão incômoda. Com Audrein, eles estimavam que a religião não teria nada a ganhar com essa controvérsia. Sem provocar sua réplica, Gensonné conseguiu, por sua vez, denunciar a Constituição Civil, esse erro político que perturbava o reino e colocava em risco a Revolução. Disse ele:

> Separemos da religião tudo o que tem a ver com a ordem civil, e quando os ministros do culto, que a nação assalaria, forem reduzidos a funções puramente religiosas, quando não forem mais encarregados dos registros públicos, do ensino e dos hospitais, quando eles não forem mais os depositários das ajudas que a nação destina à humanidade sofredora, quando vocês tiverem destruído essas corporações religiosas de padres seculares, absolutamente inúteis, e essa legião de freiras cinzentas, que estão menos preocupadas em aliviar os doentes do que em espalhar o veneno do fanatismo, então, os padres não sendo mais funcionários públicos, vocês poderão suavizar o rigor das leis relativas ao juramento eclesiástico.[22]

Essas não eram concepções de longo prazo, ameaças vãs. Gensonné propunha por decreto encarregar o Comitê de Legislação de apresentar o mais cedo possível um projeto de lei sobre "os meios de constatar civilmente os nascimentos, falecimentos e casamentos", e um outro projeto de lei sobre a supressão das últimas corporações religiosas. Ele finalmente pedia a nomeação de uma comissão de doze membros para se ocupar "do exame e da revisão das leis feitas pelo órgão constituinte sobre a organização civil do clero".

A Assembleia acompanhou as opiniões de Gensonné; ela ordenou a impressão de seu projeto de decreto, e instruiu seu Comitê Legislativo a apresentar um relatório dentro de uma semana.

O Comitê cumpriu a tarefa em 14 de novembro. O projeto de decreto que ele apresentou fez sua parte às reclamações dos partidários do secularismo, no seu artigo III, assim concebido: "Será incessantemente feita uma lei para regulamentar a maneira de constatar os atos de nascimento, casamento e sepultamento." O projeto, no entanto, foi mal acolhido porque apenas propunha medidas anódinas contra os refratários. Isnard, em um de seus belos movimentos oratórios, propôs novas medidas. Seu discurso improvisado é talvez o mais importante dessa discussão, não apenas por permitir que as segundas intenções dos filósofos transparecessem, mas também porque teve uma influência decisiva sobre os eventos.

O DISCURSO DE ISNARD EM 14 DE NOVEMBRO

Para justificar as medidas de exceção que ele considerava essenciais contra os refratários, Isnard colocou a questão em um novo terreno. Até então, todo o debate estava focado neste dilema invocado pelos partidários da liberdade:

> Ou o padre é apenas fanático ou é agitador; se ele é apenas um fanático, a lei não deve alcançá-lo, porque a liberdade de culto é permitida; se for agitador, contra ele, existem leis comuns a todos os cidadãos.

Para refutar o dilema, Isnard sustentou que, pelo caráter do qual era revestido, o padre já estava fora do direito comum e que, consequentemente, não podia estar sujeito a leis comuns. Ele denunciou a influência do padre na sociedade: "O padre, diz Montesquieu, pega o homem no berço e o acompanha até o túmulo; portanto, não é de surpreender que ele tenha tantos meios de poder." Contra os maus sacerdotes, havia apenas um lado a seguir: exclusão do reino; e aos aplausos das tribunas e de uma parte da Assembleia, Isnard exclamou: "Eu direi que essas vítimas da peste devem ser enviadas de volta aos leprosários de Roma e da Itália." De nenhuma maneira dever-se-ia permitir-lhes continuar a pregar, a dizer a missa, a confessar. Como que embriagado pelos aplausos, Isnard continuou exalando seu desprezo, não apenas pelos maus sacerdotes, mas pelo sacerdote: "O padre não é meio perverso; quando deixa de ser virtuoso, torna-se o mais criminoso dos homens." Os aplausos redobraram. Que a Assembleia não se deixasse deter por escrúpulos vãos, que ali não se falasse de respeito das consciências. Os refratários "choram pelo destino da religião somente para recuperar seus privilégios". E os aplausos recomeçaram assim que Isnard voltou a externar seu desprezo pelo padre, em termos cada vez mais veementes:

> Todos sabem que, em geral, o padre é tão covarde quanto vingativo, que ele não conhece outra arma que não seja a da superstição, e que, acostumado a combater na misteriosa arena da confissão, ele é nulo no campo de batalha. A ira de Roma se apagará sob o escudo da liberdade (...), e vamos superar isso.

Sem ser claramente explícito, Isnard deixou vislumbrar que a Constituição Civil não seria a última palavra da Revolução. A Revolução, segundo ele, não havia terminado:

> Não, deve haver um desenlace para a Revolução Francesa, digo que, sem provocá-lo, é preciso marchar em sua direção com coragem; quanto mais tempo vocês levarem, mais doloroso e regado de sangue será seu triunfo.

Qual era esse desenlace?

Isnard não se explicava. Mas os católicos pensaram ter entendido. O *Moniteur* observa que houve murmúrios em uma parte da

Assembleia. Isnard enfrentou as interrupções e os murmúrios, e seu discurso ardente continuou pregando a ação, a energia para os patriotas adormecidos. É preciso esmagar os refratários, é preciso empregar os grandes meios. "É preciso cortar a parte gangrenada para salvar o resto do corpo." Caso contrário:

> (...) o partido de padres juramentados, que inclui o de todos os patriotas, ou seja, cinco sextos da nação, ficará indignado em se ver abandonado. Cansados de combater seus inimigos, eles talvez se tornem os próprios.

E como se previsse em um futuro próximo que essa eventualidade ocorreria, que os padres juramentados abandonariam a Revolução e se voltariam contra ela, Isnard exclamava:

> É preciso que o Corpo Legislativo seja apoiado pelo resto da nação; se vocês quiserem resistir aos ataques, que se preparem, e vocês não podem ganhar confiança senão punindo severamente os perturbadores do descanso público e todos os facciosos. Digo todos os facciosos porque estou decidido a combatê-los todos, porque não sou de nenhum partido; meu Deus é a lei; não tenho outro. O bem público é o que me incendeia.[23]

Essa violenta diatribe contra os padres, esse chamado à força, essas ameaças veladas contra o clero constitucional que Isnard defende com tanta veemência apenas por razões políticas e de cujo patriotismo ele não está longe de suspeitar, e, finalmente, essa profissão de fé do ateísmo,[24] tudo isso indica que, naquele tempo, a ruptura entre a Revolução e a antiga religião, mesmo purificada, já estava consumada na mente de muitos chefes patrióticos. Eles ainda não ousam formular seus pensamentos em voz alta. Eles o envolvem em nuvens; mas é evidente que sua prudência, toda de circunstâncias, durará apenas um momento e que a hora de resoluções francas e decisivas logo soará.

Os bispos constitucionais que, até então, não haviam revidado os ataques indiretos de que a religião tinha sido um objeto pareceram se emocionar dessa vez. Os aplausos calorosos que acolheram o discurso de Isnard, o pedido de impressão que formou um grande número de membros, mostravam-lhes suficientemente que a situação era grave. No meio de "grandes sussurros", Le Coz pediu a palavra "como cidadão e como padre". "Sem padres!", gritaram várias vozes. "Eu digo", continuou Le Coz, "que solicitar a impressão do discurso do sr. Isnard é solicitar a impressão de um código do ateísmo". Os murmúrios redobraram. Por vários minutos, Le Coz teve que parar, tamanha a agitação. A energia do presidente permitiu que ele continuasse:

> Sustento e provarei que o discurso de Isnard tende a destruir toda a moralidade religiosa e social. É impossível que exista uma sociedade sem que ela tenha uma moralidade imutável e eterna.

A essas palavras, veio a tempestade: os risos, os clamores redobrados. Pedia-se que Le Coz fosse chamado à ordem. Desesperado para se fazer ouvir, ele finalmente desceu da tribuna.

Sem dúvida, a Assembleia se recompôs e rejeitou, após duas tentativas duvidosas, a impressão do discurso de Isnard. Mas o golpe fora dado. Pela sua atitude anterior, a Assembleia mostrara que compartilhava da maioria das opiniões do orador. Ela deixou isso ainda mais claro ao convidar seu Comitê de Legislação a apresentar-lhe um novo projeto de decreto que só poderia ser inspirado nele.

É compreensível que tais sessões fossem bem feitas para encorajar a campanha anticlerical iniciada por um punhado de jornalistas.

O PROJETO DE FRANÇOIS DE NEUFCHÂTEAU

Em 16 de novembro, François de Neufchâteau, relator de uma das seções do Comitê de Legislação, veio ler um projeto de decreto que dava total satisfação a Isnard e seus amigos. Os padres refratários que não prestariam o juramento cívico veriam seu ordenado suprimido, seriam postos sob vigilância, poderiam ser afastados de seus domicílios por um decreto diretório do departamento etc. Mais significativo ainda, o artigo XV do projeto ordenava a revisão da Constituição Civil do Clero:

> Os decretos da Assembleia Constituinte de 12 e de 24 de julho e de 27 de novembro de 1790 continuarão sendo seguidos e executados, mas com as modificações que a conclusão da Constituição torna hoje necessárias.
> 1) A fórmula do juramento cívico previsto no art. V do título II do ato constitucional substituirá o juramento provisório prescrito pelos decretos. 2) O título de *Constituição Civil do Clero*, não expressando a verdadeira natureza dessas leis e evocando uma corporação que não existe mais,[25] será excluído e substituído pelo título de *Lei relativa às relações civis e às regras externas do culto católico na França*. 3) Bispos, párocos e vigários não serão mais designados sob o título de *funcionários públicos*, mas sob o de *ministros do culto católico assalariados pela nação*.

Era de se esperar que a revisão da Constituição Civil não se limitasse a essas mudanças nas palavras. Estava aberto o caminho para outras reformas mais profundas, dado que o artigo XVI e a última propaganda cívica organizavam-se para contrabalancear a propaganda dos rebeldes:

> Como importa esclarecer ao povo das campanhas sobre as armadilhas que lhe são colocadas,(...) a Assembleia olhará como um benefício público as boas obras que lhe serão endereçadas sobre esse assunto e, de acordo com o relatório que lhe será feito, ela as imprimirá e distribuirá, à custa do Estado, e recompensará seus autores.

Então, o Estado empreenderia a educação do povo, mas onde iria parar? A propaganda cívica seria necessariamente obra de escritores "filósofos". Mostrar-se-iam eles por longo tempo respeitosos do culto oficial? Seus ataques contra o culto papista não alcançariam, por tabela, a própria religião?

De qualquer forma, os dois últimos artigos do projeto de François Neufchâteau estavam repletos de consequências, das quais a Assembleia não suspeitou a princípio. Ela saudou Neufchâteau com aplausos unânimes e reiterados e, sobre proposta de Vergniaud, deu prioridade a sua moção, da qual adotou, imediatamente, várias disposições.

Porém, no dia seguinte, uma forte oposição, que por vezes pareceu obstrução, quase levou à rejeição do decreto: um bispo constitucional, Torné, tomou a defesa indireta dos refratários e se opôs fortemente à supressão de seus salários e pensões. Talvez os discursos filosóficos dos dias anteriores o fizessem suspeitar vagamente de que a causa dos padres constitucionais era fundamentalmente interdependente da causa dos refratários, e que os rigores contra uns seriam o prelúdio dos rigores contra os outros.

Por outro lado, os filósofos acharam que o projeto de Neufchâteau ainda era muito brando. Isnard, apoiado por Duhem e Albitte, retomou sua proposta de deportar os refratários para fora do reino. Mas a Assembleia se recusou a ir tão longe.

Quando o artigo sobre a revisão da Constituição Civil surgiu para discussão, algumas hesitações se manifestaram entre os filósofos. Um deles, Albitte, por motivos de conveniência, declarou-se pela manutenção pura e simples da Constituição Civil:

> Creio que não devemos colocar os padres constitucionais contra seus inimigos. Amo a filosofia, mas acho que devemos apenas fazer uso cuidadoso e apropriado às circunstâncias.[26]

O bispo Lamourette, que o sucedeu na tribuna, defendeu calorosamente a causa da Igreja constitucional. Privar os padres patrióticos de seu caráter oficial seria desagradar a "imensa multidão" de cidadãos que seguem seu culto e comprometer a Revolução. Somente o clero refratário se beneficiará da queda do clero juramentado, e Lamourette mostrava com grande delicadeza e força as desvantagens políticas da separação:

> Não acham que desse ato solene de separação do ministério da lei e do ministério do sacerdócio vocês dão aos sacerdotes uma

tendência de reunir-se em uma corporação e buscar em sua coalizão um complemento do caráter que lhes retiram?

Em outras palavras, a separação apenas fortaleceria o clero. Deveriam ficar do seu lado os filósofos da Assembleia, aqueles que basicamente visavam destruir a própria religião, sob o pretexto de liberdade. E Lamourette, passando para a ofensiva, denunciava as segundas intenções dos autores do projeto:

> Eu poderia dizer que a proposta que lhe é feita se deve a um sistema profundo que se espera tenha efeito em uma era mais distante. Não sei se é possível em um grande império, e se o povo está suficientemente maduro para o sistema que olhamos como a perfeição da Revolução Francesa, mas é um erro acreditar na destrutibilidade de um sistema religioso que inclui todas as bases da organização social.

Que os filósofos tomassem cuidado. Se eles colocavam as pessoas entre a religião e a Constituição, sua escolha não estava questionável! Mas a própria Constituição não emergiu diretamente "dessa grande e imortal obra que se chama Evangelho"? Os padres constitucionais sempre ensinaram ao povo o amor à Constituição:

> Se vocês lhes tirarem o título que tão bem mereceram, se lhes tirarem essa arma muito mais poderosa do que as baionetas, comprometerão a tranquilidade pública, *vocês repentinamente terão dispensado a grande força que garantiu a Revolução.*[27]

O discurso de Lamourette causou uma grande impressão. Dando trégua a seus desejos secretos, um bom número de filósofos se uniu à proposta de Albitte e adiou para outros tempos a revisão e a supressão do culto oficial. Em vão, Gohier tentou refutar Lamourette:

> Respondo que, se algo é perigoso, é fazer leis que apresentam ao povo ideias vagas e princípios arbitrários. Respondo que corrigir um teste não significa retroagir, mas avançar a grandes passos na

carreira da Legislação. Não existe mais uma corporação do clero, então não há mais uma Constituição Civil do Clero; portanto, não deve mais haver um juramento específico para os padres.

Gohier foi aplaudido, e a Assembleia ordenou a impressão de seu discurso, como ordenara a impressão do discurso de Lamourette. Mas Cambon, em poucas palavras, cortou o debate: "Você vai incendiar o reino. A Constituição está perdida, tudo está cancelado!" Um grande tumulto surgiu. Merlin e Vergniaud aprovaram a observação de Cambon: "Vocês perdem os padres juramentados, sem nenhuma esperança de recuperar os outros", disse o primeiro, e o segundo acrescentou:

> Não há questão de raciocinar sobre princípios e não acredito que se levante na razão de nenhum de nós nenhuma nuvem em direção a eles. Mas surge uma grande questão de fato: é saber se a aplicação atual do princípio não seria uma ocasião dada ao fanatismo para sacudir suas tochas.[28]

A Legislativa ficou do lado dessa opinião e da reforma da política. A Constituição Civil do Clero foi adiada "indefinidamente".

Nos dias que se seguiram, os filósofos lançaram mais alguns ataques à Constituição Civil e até à religião. No dia 24 de novembro, Guadet, respondendo a Lamourette, exclamava:

> Não é pela perspectiva da teologia que se deve examinar esta questão [de saber se o culto dos jurados é o mesmo que o dos refratários], é pela perspectiva da filosofia e da razão, *pois a teologia passará, e a razão é eterna*.[29]

A frase foi muito aplaudida. Mas, compreendendo finalmente o perigo dessa discussão que já durava muito tempo, a Assembleia encerrou abruptamente o debate em 29 de novembro de 1791.

OS RESULTADOS

A PROPAGANDA CÍVICA

Este grande debate, no entanto, teve um impacto considerável. Antes de tudo, ficou muito claro que a Constituição Civil do Clero só era mantida provisoriamente, por falta de algo melhor, por simples necessidade política. A questão da laicidade do Estado tinha sido posta perante o país, e se a Legislativa não a resolveu de imediato não foi porque fosse hostil ao princípio, mas apenas por considerar sua aplicação prematura.

A obra religiosa da Constituinte estava, portanto, condenada. Mas antes de destruí-la, a Legislativa pensava em substituí-la. Já que o clero constitucional se mostrara impotente por suas próprias forças para fazer amar a Revolução, uma vez que não tinha cumprido o suficiente a sua tarefa, uma propaganda cívica seria organizada paralelamente com sua pregação, da qual o Comitê de Instrução Pública da Assembleia teria a direção e para a qual os clubes forneceriam os agentes. Essa propaganda cívica assumiu as mais diversas formas. Ela se fez pelo livro, por conferências, pelo teatro. Também se fez pelas festas cívicas e, de lá, juntou-se aos sistemas de festas nacionais já elaborados por Mirabeau e Talleyrand. Chegaria o dia em que os filósofos revolucionários acreditariam, com a ajuda dessa propaganda cívica, poderem prescindir do clero constitucional — e nesse dia, quando ele chegou, a religião revolucionária se destacou do catolicismo, a propaganda cívica se tornou o culto da Razão.

OS FOLHETOS PATRIÓTICOS

A Legislativa incitara "todos os bons espíritos a renovar seus esforços e a multiplicar suas instruções contra o fanatismo". Ela prometera recompensar os autores de "boas obras ao alcance dos cidadãos do campo".[30] Os escritores patrióticos responderam em massa à chamada a eles dirigida.

No final de 1791 e no início de 1792, os escritos filosóficos, os catecismos patrióticos sucederam-se sem interrupção: o *Antifanatisme ou Étrennes aux bonnes gens*, de Marius Duval; o *Dialogue entre um curé de campagne et un vigneron sur la Constitution*, por Deverac; o *Catéchisme des Droits de l'Homme*, por Duverneuil; o *Gardien de la liberté française*, por Fleury; o *Catéchisme du genre humain*, por Boissel; e sobretudo o mais popular e modelo do gênero, o *Almanach du père Gérard*, de Collot d'Herbois, entre muitos outros.[31]

AS CONFERÊNCIAS POPULARES

Todos esses panfletos eram disseminados pelos cuidados dos jacobinos e de suas sociedades afiliadas. Em 27 de fevereiro de 1792, quando a guerra estrangeira parecia iminente, a empresa-mãe convidou os afiliados a organizar em todos os lugares, especialmente no campo, conferências populares para espalhar os bons princípios e fazer a educação do povo. Lia-se nas circulares:

> Como se estabeleceu a religião cristã? Através das missões dos apóstolos do Evangelho. Como podemos estabelecer solidamente a Constituição? Pelos apóstolos da liberdade e da igualdade.

Todos os domingos, os missionários cívicos iriam às aldeias, distribuiriam a Declaração dos Direitos, a Constituição, o *Almanach du père Gérard*, o *Lettre* de Creuzé-Latouche[32] e acompanhariam a distribuição de uma pregação apropriada.

Os jacobinos prometiam uns aos outros, com razão, o melhor efeito dessas conferências:

> Esses missionários enviados por vocês, irmãos e amigos, contratariam a aliança mais augusta e formidável que jamais existiu: a aliança de todo o povo francês. Eles seriam os precursores dos mestres que um dia a Assembleia Nacional enviara para a nova educação pública (...) Essa primeira instrução seria, na

crise que está se preparando, um remédio eficaz para nossos males; ela substituiria a instituição que a Assembleia Nacional ainda não teve tempo de estabelecer, uma instituição sem a qual não há boas maneiras, amor à pátria, respeito pelas leis e, consequentemente, nem Constituição, nem liberdade.

Muitas sociedades e alguns simples indivíduos não tinham aguardado, para agir, o convite vindo de Paris. A partir do fim de 1791, em Estrasburgo, o ex-livreiro Salzmann, ajudado por um padre patriótico, comentava, todos os domingos, os eventos políticos da semana. Nesses dias, de três mil a quatro mil pessoas de todas as classes da sociedade, "soldados, criados, operários, mulheres etc.", enchiam o imenso salão da casa comum, onde Salzmann realizava sua pregação patriótica. Disse o viajante alemão Riechardt:

> A multidão era tão grande que nós tivemos problemas para avançar, e o barulho era ensurdecedor. Assim que Salzmann chegou a um pequeno estrado encostado em uma coluna e que, com um sinal de mão, pediu silêncio, todo o barulho parou; ter-se-ia ouvido uma mosca voar! Nas fisionomias, lia-se um forte desejo de ser informado sobre os barulhos perturbadores postos em circulação pelos jornais ou pelo boato público. O discurso de Salzmann, prático e muito apropriado, foi recebido por testemunhos de simpatia que me fizeram feliz.[33]

Na mesma época, La Révellière-Lépaux e seus amigos do clube de Angers organizavam uma série de missões patrióticas nos Mauges e em Vendée.

> O objetivo dessas missões era destruir as calúnias que se difundiam contra os patriotas, as ideias falsas que se davam aos habitantes do campo sobre a Revolução e sobre os princípios segundo os quais ela operava; fazê-los sentir as vantagens que deviam resultar dali, especialmente para eles.

O MOVIMENTO ANTICLERICAL SOB A LEGISLATIVA

Em Chemillé, a missão patriótica liderada por La Révellière carregava a bandeira tricolor em grande procissão pela cidade. "Um velho de cabelos brancos carregava a bandeira, escoltado por algumas jovens que seguravam nas mãos fitas de três cores."[34]

LANTHENAS E AS SOCIEDADES POPULARES

Desde os primeiros meses de 1792, o girondino Lanthenas, amigo de Guadet e de Roland, planejava fazer das conferências cívicas uma instituição permanente e quase oficial, uma espécie de treinamento de cidadãos para as virtudes constitucionais e sociais.[35] Disse ele:

> Já que se reconhece *que não se pode contar com os sacerdotes de nenhuma seita* para a instrução mais essencial de que o povo precisa, é necessário que a moral, a primeira das ciências, a política, que é apenas um ramo da moralidade, e nossa Constituição, baseada nos seus verdadeiros princípios, tenham um ensino apropriado a sua importância e às circunstâncias em que nos encontramos.

E Lanthenas traçava audaciosamente o plano de uma espécie de culto cívico, do *culto da Razão e da Lei*,[36] como ele o chamava, que iria gradualmente substituindo os outros, e estaria provisoriamente em conformidade com eles. Em cada cantão, o Conselho Legislativo instituiria por decreto uma *sociedade popular*, da qual todos os cidadãos, sem distinção, estariam livres de fazer parte, mas em que os funcionários públicos, os juízes de paz, entre outros, necessariamente desempenhariam um papel ativo. À voz dos "missionários patriotas", as pessoas de bem fariam em todos os lugares "renascer os magníficos anfiteatros dos povos livres da antiguidade". Seriam dadas festas e conferências que imprimiriam no povo o sentimento de sua majestade e que o levariam aos poucos à Fraternidade Universal. Enquanto isso, "em cada local de assembleia primária" a sociedade popular do cantão explicaria a lei, faria a leitura dos melhores jornais, ensinaria a moral e a política. As diversas sociedades populares se federariam por distritos, por departamentos, em toda a França. Eles formariam como que uma "igreja universal" que finalmente operaria a *regeneração*.

Cada vez mais, especialmente após a declaração de guerra à Áustria, impunha-se a ideia de que a Revolução seria salva apenas pela organização de uma vasta propaganda cívica. Em 10 de maio de 1792, uma delegação do Faubourg Saint-Antoine pediu aos jacobinos a instituição de conferências patrióticas nas igrejas, após o serviço divino.[37]

O ministro Roland exortava as sociedades patrióticas a não diminuírem o zelo pela educação do povo.[38] Ele já lhes falava com a mesma linguagem que mais tarde o Comitê de Segurança Pública usaria. Os clubes não estavam sozinhos ao responder ao chamado do ministro. Muitos municípios pregavam a verdade ao povo todos os domingos e nomeavam *leitores* para espalhar os bons princípios.[39]

OS PROPAGADORES DA RAZÃO

Criadas em primeiro lugar para defender a Constituição Civil do Clero, essas conferências populares não demoraram muito para abandonar sua estrutura original. Depois de ter atacado primeiramente apenas os refratários, seus oradores ou leitores passaram a atacar pouco a pouco todos os padres, sem distinção.

Em um discurso sobre as sociedades populares,[40] proferido em uma missão patriótica em 10 de junho de 1792, Étienne-Marie Siauve, colaborador da *Feuille Villageoise*, observava que nem todos os padres constitucionais eram, infelizmente, levitas-cidadãos, e que havia muitos entre eles que só queriam ser padres e desdenhavam a qualidade de cidadãos.

Os padres-jurados tornaram-se suspeitos; era inevitável que os oradores populares, os "propagadores da razão", como Siauve já os chama, pensassem em substituí-los nesse papel de predicadores cívicos, de oficiais de moral, que a Constituição Civil lhes atribuíra. Também era inevitável que as conferências populares se transformassem gradualmente em cerimônias religiosas; bastava, para isso, misturá-las às festas cívicas. Esse encontro, essa mistura de festas cívicas e conferências populares, constituirá, estritamente falando, o culto revolucionário, que falará tanto aos sentidos quanto à inteligência.

DIVISÕES ENTRE OS JACOBINOS

PIERRE MANUEL E ROBESPIERRE

Os jacobinos, no entanto, não assistiram com alegria absoluta ao desenvolvimento dessa propaganda patriótica que preencheu o fim de ano de 1791 e o começo do ano seguinte. Os oportunistas, os cautelosos, todos aqueles que julgavam impolítica e prematura uma ruptura com o clero constitucional não tardaram a se alarmar com o progresso do partido anticlerical, cujos líderes redobravam de ousadia e perdiam toda a medida. O clube parisiense ficou dividido, trabalhado, entre duas tendências, uma das quais, a moderada, era acima de tudo representada por Robespierre, e a outra, a intransigente, por Pierre Louis Manuel, ex-editor da *Feuille Villageoise*, alçado havia pouco ao importante cargo de promotor da Comuna de Paris.[41]

No momento em que a Legislativa votava o decreto contra os refratários, Manuel pedia aos jacobinos que organizassem uma pregação anticlerical:

> Para iniciar o império da Razão, peço que a Sociedade-mãe [dos jacobinos], apoiando seus preceitos e seus exemplos, nomeie em seu seio, a cada três meses, esses patriotas esclarecidos que, nas sessões, duas vezes por semana, fariam às crianças de todos os cultos, apresentadas por seus pais e inscritas em um registro cívico, o catecismo da liberdade. Esses oficiais de moral que, sem mistérios e sem dogmas, provariam que as virtudes são úteis para a felicidade comum e que a primeira de todas, já que sem ela não se pode ter outras, é o amor à pátria, avançarão mais à *regeneração dos costumes* do que certos pregadores da

> Quaresma, que, *para quererem fazer alguns santos*, não fazem *nem mesmo alguns homens*.[42]

Dias depois, em 29 de novembro de 1791, Palissot lia para o clube as passagens mais importantes de um panfleto anticlerical que acabara de compor.[43] Dirigindo-se à Legislativa, ele a convidava "a se opor aos catecismos de erro dos padres de uma moral sã e refinada; a suas festas supersticiosas, algumas festas cívicas".

A Igreja romana, ele continuava, é incompatível com um Estado fundado sobre a liberdade e a igualdade. Seus dogmas são intolerantes e imorais. Seus sacerdotes, colocados fora da natureza pela obrigação do celibato, devem ser vigiados, ainda mais porque seu poder, baseado na confissão, é mais temível. A Legislativa deve suprimir a confissão, "essa instituição monstruosa, que machuca a moral e o pudor, e que faz os Jacques Clément e os Ravaillac".

Palissot não conseguiu terminar sua leitura. O "legislador incorruptível", Robespierre, lhe cortou a palavra, exclamando, aos aplausos da maioria do clube:

> Não devemos sair da linha de demarcação que a Assembleia Constituinte nos prescreveu. Portanto, acredito que a sociedade não pode ouvir essa obra sem riscos. Não se deve bater frontalmente contra os preconceitos religiosos que o povo adora. É preciso que o tempo amadureça o povo e o coloque insensivelmente acima dos preconceitos. Peço que a Sociedade passe para a pauta do dia e que ela cuide dos objetos que as circunstâncias tornam mais urgentes.

Em vão, Manuel tomou a defesa de Palissot, pedindo que ele fosse ouvido até o fim, porque chegara o tempo em que se podia falar dos padres e dos reis. A maioria votou em Robespierre e passou para a ordem do dia, testemunhando a Palissot, todavia, sua gratidão pelas reflexões filosóficas que ele lhe comunicara.[44]

Essa primeira escaramuça foi seguida por outros encontros. Ao longo do ano de 1792, a tribuna dos jacobinos foi o campo fechado dos filósofos intransigentes e dos filósofos oportunistas.

Em 3 de fevereiro, Manuel anunciou ao clube a morte de Cerutti, fundador da *Feuille Villageoise*, que dera o impulso à campanha anticlerical. Após pronunciar o elogio do defunto, ele pediu que a Sociedade enviasse alguns comissários a seu funeral, "que sem dúvida será feito", continuou ele, "em uma igreja, pois somos tão livres que a filosofia ainda não possui um cemitério". Mais uma vez, Manuel encontrou Robespierre a sua frente, que lhe disse com desdém: "Há pessoas mortas que merecem a indulgência." E, negando a campanha de descristianização, ele passou à ordem do dia, sob o pretexto de que Cerutti não era jacobino.[45]

ROBESPIERRE E GUADET

Mas em nenhum momento o antagonismo explodiu melhor entre os dois partidos filosóficos do que na grande reunião de 26 de março de 1792.[46] Naquele dia, Robespierre leu um rascunho de um projeto de um requerimento às Sociedades afiliadas para estimular sua propaganda patriótica. Nele, Robespierre falava, em várias ocasiões, da Providência, que protegera a Revolução contra seus inimigos e que a faria triunfar ainda sobre os novos perigos que a guerra ameaçadora poderia lhe fazer correr. "Mas tenhamos medo", dizia ele, "de cansar a bondade celeste, que até agora tem sido obstinada em nos salvar, apesar de nós mesmos!". Sem conseguir suportar, os anticlericais do clube fizeram tanto tumulto que o bispo Gobel, que presidia, foi reduzido a se cobrir para trazer o silêncio. A impressão do requerimento de Robespierre, reivindicada com grandes gritos, foi rejeitada; em seguida, Guadet, subindo à tribuna, respondeu a Robespierre e fez o processo da Providência:

> Ouvi muitas vezes neste requerimento repetirem a palavra *Providência*; até acredito que nele se diz que a Providência nos salvou apesar de nós; confesso que, não vendo nenhum sentido nessa ideia, nunca teria acreditado que um homem que trabalhou com tanta coragem por três anos para tirar as pessoas da

escravidão, do despotismo, pudesse contribuir para, em seguida, colocá-las sob a escravidão da superstição.

O alvoroço começou de novo, o clube pareceu dividido em dois partidos quase com igual força. Sentindo a maioria lhe escapar, Robespierre
deixou em sua resposta o tom desdenhoso com o qual até então lutara
contra os descristianizadores. Ele cobriu Guadet de elogios — "legislador distinto por seus talentos" —, e apenas tentou provar que tinha se
enganado sobre seu real pensamento:

> Não venho lutar contra os princípios comuns meus e do sr. Guadet.
> Porque sustento que todos os patriotas têm meus princípios, e me
> parece impossível que se possa combater os princípios eternos que
> afirmei. Quando eu tiver terminado minha curta resposta, tenho
> certeza de que o próprio sr. Guadet se renderá a minha opinião.

E Robespierre protesta:

> Detesto mais que ninguém todas essas seitas ímpias que se
> espalharam pelo universo para favorecer a ambição, o fanatismo
> e todas as paixões, cobrindo-se com o poder secreto do Eterno,
> que criou a Natureza e a Humanidade.

Mas, de acordo, em princípio, com os anticlericais e também inimigo
dos padres que eles podiam ser, Robespierre explica, em uma linguagem de
uma bela sinceridade e de uma grande nobreza, que ele não podia confundir
a causa da divindade com a dos "imbecis cujo despotismo estava armado",
que ele acreditava na Providência, que essa crença era necessária para ele,
assim como era necessária para o povo.[47] Quando Robespierre terminou, o
tumulto recomeçou. Gobel tentou em vão colocar várias moções à votação.
Em desespero, ele teve que adiar a sessão.

PROGRESSO DAS IDEIAS FILOSÓFICAS

Apesar da resistência dos oportunistas, o partido anticlerical ganhava terreno todos os dias. Robespierre ainda conseguia, não sem dificuldade, segurá-lo em relação aos jacobinos, mas ele parecia dominar cada vez mais a Legislativa, onde os amigos de Guadet e Isnard, os girondinos, formavam a maioria. Em 12 de maio de 1792, a Assembleia foi palco de uma cena que já anunciava 1793: o vigário de Sainte-Marguerite, o abade Aubert, um desses padres filósofos que haviam sido dos primeiros a violar o celibato, se apresentou acompanhado por sua esposa. O presidente lhe concedeu a palavra, e Aubert pôde se gabar de ter dado aos padres patrióticos o exemplo a se seguir:

> Está na hora de os ministros do culto romano se aproximarem de sua santa origem; é hora de voltarem para a classe de cidadãos; é finalmente hora de consertarem, pelo exemplo das virtudes cristãs e sociais, todos os escândalos, todos os males que o celibato dos padres causou.

Não apenas essas declarações, ultrajantes para os bispos e padres constitucionais que tinham assento em grande número, foram aplaudidas, quase por unanimidade, diz o *Moniteur*,[48] como Aubert foi convidado para as honras da sessão com sua esposa e os familiares que o acompanhavam.

Ao mesmo tempo, a *Feuille Villageoise*, cuja campanha anticlerical redobrava a violência, observava com satisfação o progresso que fazia a tolerância. Em Liancourt, o pároco concordava em receber, dentro do cemitério católico, em terra santa, o corpo de um protestante. Em Pignan, perto de Montpellier, em Valence (Drôme), em Jaillieu, perto de Bourgoin (Isère), os ministros protestantes e católicos se abraçavam na festa de inauguração do busto de Mirabeau.[49] Thévenet, pároco de Salagnon, perto de Bourgoin (Isère), protestava no jornal contra o uso da língua latina no culto, e seu colega Dupuis, pároco de Droyes, imitava seu exemplo.[50]

O *Révolutions de Paris* insultava incansavelmente a "corporação dos teófagos". Em seu número 144,[51] o jornal citava com louvor, como

FANATISMO IDEOLÓGICO: AS ORIGENS DOS CULTOS REVOLUCIONÁRIOS

exemplo a se seguir, a conduta filosófica dos habitantes de Vaudreuil, perto de Epernay, que, após a supressão de sua paróquia, se reuniram e nomearam pároco um deles, um trabalhador de nome Pierre Bonnet. Em uma edição subsequente[52] era dada a esse artigo anticlerical a conclusão: "Por que não dizê-lo? Não é hora? Todo sacerdote é tolo ou pérfido, não há meio-termo." Estava difícil declarar ao clero, a todo o clero, uma guerra mais implacável.

O CORPUS CHRISTI EM PARIS EM 1792

Encorajado pela atitude da Legislativa, pelas notícias vindas dos departamentos e pelo tom da imprensa, P. Manuel resolveu fazer algo grande no dia de Corpus Christi. Sob sua requisição, o município de Paris tomou, em 1º de junho de 1792, uma ordem destinada a tirar da Igreja constitucional o caráter oficial do qual ainda era investida.[53] Até então, as autoridades, escoltadas pela guarda nacional, tinham figurado na primeira fila das procissões religiosas nos dias de grandes festas. A partir de agora, as autoridades se absteriam de aparecer. Os cidadãos não seriam mais obrigados a ornar ou a forrar o exterior de suas casas, "pois essas despesas deviam ser puramente voluntárias e não prejudicar, de maneira alguma, a liberdade das opiniões religiosas". A guarda nacional não podia mais ser requisitada para o serviço de culto, "os cidadãos soldados apenas teriam que pegar em armas para a execução da lei e para a segurança pública". Finalmente, a circulação deixaria de ser proibida na passagem das procissões: "(...) a prosperidade pública e o interesse individual não permitem suspender a liberdade e a atividade do comércio".

Em uma circular para as quarenta e oito seções, Manuel se encarregou de especificar o significado e o alcance do decreto municipal.[54] Depois de denunciar "as máximas intolerantes e supersticiosas de séculos de ignorância e tirania", ele predisse:

> (...) não está muito longe, sem dúvida, o tempo em que cada seita religiosa, se fechando no recinto de seu templo, deixará de obstruir, em certas épocas do ano, por algumas cerimônias externas,

a via pública, que pertence a todos e da qual ninguém pode dispor para seu uso particular.

E Manuel chegou a vislumbrar ao longe "a aniquilação de todos os preconceitos sob o jugo dos quais os homens se tinham curvado por muito tempo".

A iniciativa do município parisiense não foi perdida. Alguns dias depois, após receber o convite do clero de Saint-Germain-l'Auxerrois, a Legislativa teve que examinar se iria assistir à procissão do Santíssimo Sacramento. Sobre a proposta de Duquesnoy, ela já tinha decidido que aceitaria o convite. Mas protestos se elevaram. Na tribuna, Pastoret retomou os argumentos de Manuel sobre a neutralidade do Estado e finalmente obteve o relatório do decreto.[55] Foi decidido apenas que a Assembleia não se reuniria na manhã de Corpus Christi para permitir a seus membros ir à procissão a título individual. A Legislativa, portanto, se solidarizava com o município parisiense e os jornais girondinos não deixaram de se congratular.[56]

Os próprios jacobinos pareciam estar do lado de P. Manuel. Já na sessão de 8 de junho, Delacroix pedira a supressão dos tratamentos eclesiásticos. "Por que pagar apenas a alguns padres?" Prefigurando a propaganda hebertista, ele propusera: "(...) enviar para as fornalhas nacionais das moedas todos aqueles sinos que servem apenas para perturbar seu descanso". E continuava:

> Destruam esses sinais de escravidão e idolatria que servem apenas para manter a ignorância e a superstição. Substituam-nos pelas imagens dos Rousseau, dos Franklin, de todos esses homens antigos e modernos que preencherão as pessoas com um nobre entusiasmo pela liberdade. Deixem para seus imortais escritos a tarefa de instruir seus concidadãos, em vez dessa horda de pessoas preconceituosas das quais provavelmente eles podem prescindir.

A impressão desse discurso era solicitada por uma parte do clube e combatida por outra. Para pôr fim a qualquer oposição, Delacroix declarava que faria imprimir seu discurso à sua própria custa.[57]

FANATISMO IDEOLÓGICO: AS ORIGENS DOS CULTOS REVOLUCIONÁRIOS

Na sessão do dia seguinte, outro jacobino, Mathieu, veio aprovar o decreto do município parisiense e instar os bons cidadãos, especialmente os que estavam nas tribunas, a redobrar a atividade para garantir sua execução.[58] E dois dias depois, os jacobinos receberam mal uma petição de "fanáticos" que vinham protestar contra o decreto de Manuel.

O evento mostrou, no entanto, que o partido anticlerical, embora dominasse na prefeitura, na Legislativa, e às vezes os jacobinos, ainda não era o dono da rua, longe disso! As procissões prosseguiram como de costume, acompanhadas por um grande número de guardas nacionais armados, que vieram a título individual. Os juízes dos tribunais presentes ocuparam seu lugar habitual na procissão. O pároco de Saint-Séverin, em uma carta insolente, avisou Manuel de que sua procissão seria escoltada por cinquenta granadeiros, e o convidou a vir e dispersá-la com seu cachecol. Vários anticlericais que não tinham se revelado e foram detectados na passagem do Santíssimo Sacramento receberam insultos e zombarias. O açougueiro Louis Legendre, que seguia dentro de seu coche para Poissy para cuidar de seus negócios, não querendo dar lugar à procissão de Saint-Germain-des-Prés, provocou uma briga da qual saiu derrotado.

Os filósofos tiveram que concordar que a destruição dos preconceitos religiosos não era tão próxima quanto eles a tinham desejado. Na noite da festa, P. Manuel gemia com os jacobinos, que o tinham nomeado presidente, sobre a insubordinação de uma parte da guarda nacional parisiense. "Os magistrados do povo", dizia ele, "foram desprezados por obedecerem aos padres!".

Os robespierristas não deixaram de tirar do evento a lição que ele comportava e de proclamar em voz alta que isso justificava seus temores e seus conselhos de prudência. Não lembrando mais que ele aplaudira o desafio apresentado por Cloots a Fauchet no ano anterior, Camille Desmoulins provou que Manuel estava errado em um artigo da *Tribune des Patriotes*.[59]

> Receio que o jacobino Manuel tenha cometido um grande erro ao tomar algumas medidas contra a procissão de Corpus Christi. Meu caro Manuel, os reis estão maduros, mas o bom Senhor ainda

não está. Se eu tivesse sido membro do Comitê Municipal, teria combatido essa medida com tanto calor quanto um acólito poderia tê-lo feito (...) Na própria Paris, como nos departamentos, a acusação do patriota Manuel tem a grande desvantagem de levantar contra a Constituição os padres constitucionais que prestaram tantos serviços que não podem ver em tal decreto apenas o presságio mais sinistro para sua categoria, e é sempre pela derrubada das categorias que se fazem as revoluções e as contrarrevoluções.

Mas o movimento anticlerical já era forte demais para que essas palavras de cautela fossem escutadas. A lição de Corpus Christi apenas demonstrou a P. Manuel e a seus amigos a necessidade de redobrar a energia, e sua campanha continuou mais vigorosa do que nunca. Os jornais girondinos se uniram, seguidos pelos jornais *cordeliers*,[60] que em pouco tempo seriam os jornais hebertistas — *Patriote Français* e *Chronique de Paris* ao lado do *Révolutions de Paris* e *Père Duchesne*, que exclamava:[61] "Vá sempre, valente Manuel, vá, e nós o apoiaremos. Faça penetrar a tocha da razão na caverna dos preconceitos e vire a alma ao contrário para todos os fanáticos." E a *Chronique de Paris* continuou: "Ó povo francês, que ainda está longe de ser livre! Ó sacerdotes de todas as religiões, quando vocês deixarão de impedir os homens de andar livre e tranquilamente?"[62]

A campanha filosófica continuou mais ardente do que nunca, ainda mais estimulada pelas primeiras derrotas sobre as fronteiras. P. Manuel pôde continuar sem obstáculo sua predicação aos jacobinos. Na reunião de 29 de julho, ele anunciava ao clube que convocaria os eleitores parisienses para a nomeação de duas vagas sacerdotais e, nessa ocasião, recomendava aos votos dos patriotas "os padres mais dignos, aqueles que são maridos e pais". "Para longe de nós", gritava ele, "esses padres que acreditam que o usufruto das mulheres é bom e não a propriedade que não querem ter para si para usar a dos outros".[63]

Pode-se dizer que, na véspera de 10 de agosto, a Igreja constitucional, minada por essa propaganda filosófica, perdia dia após dia sua ação contra os patriotas. A maioria dos bispos e dos padres jurados, indignada com o que chamava de ingratidão, não estava longe de se retirar do

FANATISMO IDEOLÓGICO: AS ORIGENS DOS CULTOS REVOLUCIONÁRIOS

combate político. A partir desse momento, eles gradualmente se afastam da Revolução e retornam à tenda. Alguns não esperam mais uma reconciliação honrosa com os refratários.[64] Por outro lado, a pequena minoria dos padres filósofos, agrupada em torno da *Feuille Villageoise*, rompe cada vez mais abertamente com o catolicismo, se casa, torna-se secular, vai ao clube tão frequentemente quanto à igreja. Amanhã eles serão os padres do novo culto cívico, em cuja organização os políticos trabalham agora em plena luz do dia.

OS PROJETOS DE FESTAS CÍVICAS SOB A LEGISLATIVA

Durante esses primeiros meses de 1792, a propaganda filosófica não fora puramente negativa; ela, desde o início, tinha assumido uma forma positiva.

Destruir o catolicismo era bom; substituí-lo era melhor. Os projetos de culto cívico, já esboçados por Mirabeau e Talleyrand, são então retomados, ampliados, aprofundados e abertamente elaborados contra o catolicismo.

DE MOŸ

Em duas ocasiões diferentes,[65] P. Manuel apontara com louvor aos jacobinos o panfleto que um pároco de Paris fizera publicar nos primeiros dias de 1792, *Accord de la Religion et des Cultes chez une nation libre*.[66] Pelo esforço da lógica que se manifesta ali, bem como pela ousadia das opiniões, a brochura merecia plenamente a honra que Manuel lhe fazia, e não é exagero dizer que ela forneceu aos filósofos mais de uma arma excelente contra o catolicismo e que lhes sugeriu a ideia de algumas de suas criações cívico-religiosas.

De Moŷ primeiro se centrava em mostrar a necessidade de uma rápida supressão da Constituição Civil do Clero, "essa mancha que suja a Constituinte do Império, essa monstruosidade no sublime código de nossas leis".[67] Segundo ele, a Constituição Civil, obra desta tolice "chamada jansenismo", era capaz de abalar a nova instituição política e até de aniquilá-la, pois onde terminaria a guerra religiosa? A melhor, a única maneira de restaurar a calma era secularizar o Estado. Essa solução já havia sido preconizada por André Chénier, Lemontey, Ramond e muitos outros alguns meses antes. Mas o pároco de Saint-Laurent lhe dava um significado muito diferente. Ele não pretendia que o Estado, no dia seguinte à separação, permanecesse desarmado perante as religiões. O secularismo, como ele o concebia, não era um secularismo morto, mas um secularismo ativo. De Moÿ reservava ao Estado o direito de controle e de censura sobre todos os cultos e elevava a religião nacional acima das religiões particulares.

A nação, dizia ele, tem o direito de proibir dos cultos tudo que eles teriam de contrário aos bons costumes e às leis. Por exemplo, ela deverá proibir o celibato, que é contrário à natureza e aos costumes.[68] A nação não apenas tem o direito de vigilância moral sobre os ministros da religião como também é investida do direito de inspeção sobre seus ritos, liturgia e missais. Não se diga que o exercício deste último direito viola a liberdade de imprensa! Os livros religiosos não serão examinados como livros, mas como formulários obrigatórios, como regulamentos particulares que "fazem a lei para certa parcela de cidadãos, da qual eles dirigem, consequentemente, não apenas as *opiniões*, mas também as *ações*".[69] "Ora, uma única lei, a lei nacional, deve comandar todas as outras, e nenhuma lei particular tem o direito de subtrair o menor cidadão ao império legítimo da nação." Por consequência, o Estado pode e deve suprimir essas excomunhões, esses anátemas, lançados contra os cidadãos que vendem ou compram os bens nacionais.

À nação cabe legitimamente o direito de regular as manifestações externas dos cultos:

> A via pública, como praça, encruzilhada, caminho, pertence ao público, ou seja, igualmente em todos os tempos e a todos os cidadãos; ela deve, portanto, ser sempre livre a todos e para todos; mas deixaria de ser, se um particular ou uma empresa parcial tivesse o direito de desviar, mesmo que temporariamente, sua destinação para usos particulares e que lhe seriam próprios.

Caso contrário, seria permitir aos cultos particulares transformar o caminho público em templo.[70]

Até mesmo o traje dos ministros da religião a nação pode regular. "Não deve haver outras distinções na sociedade e entre os cidadãos além daquilo que a própria lei nela introduziu." Permitir que os padres usem trajes particulares seria deixá-los com "muitos sinais de identificação contra a grande sociedade", sem contar que, sobre o povo, "o traje é a recomendação mais imponente que se possa supor".

> O povo confunde o hábito com o indivíduo, e esse hábito se torna o espantalho ou o ídolo, que às vezes ele reverencia e tanto incensa (...) O espírito de São Francisco está em sua túnica, o espírito de São Domingos está em seu traje, o espírito de São Bernardo está em sua veste.[71]

Por razões semelhantes, o Estado regulará o toque dos sinos:

> (...) um som tão barulhento e que se propaga a distâncias tão consideráveis quanto o dos sinos deve ser reservado apenas para as finalidades gerais de polícia e quando se tratar de convocar, unir os cidadãos por algum interesse da coisa comum.[72]

Finalmente, os túmulos não podem escapar da vigilância da nação. Sem dúvida, cada cidadão é o dono de seu corpo e pode dispor dele, escolher e designar o local de seu último descanso.

> Mas se não tivermos previsto nada, nada determinado em relação a nosso corpo, e se não estivermos mais ali e nossa vontade não tiver sido explicada em relação a nossa sepultura, então caberá à sociedade prover isso e cuidar disso.

Haveria um perigo social real ao confiar às religiões particulares o cuidado de enterrar seus fiéis. Nesse caso, de fato:

> (...) os enterros serão todos litúrgicos, todos no espírito particular deste ou daquele culto, respectivamente, e, portanto, apenas oferecerão, aos olhos do povo, nada de cívico, nada que se relacione

com a sociedade; não se poderá dizer: "É um cidadão que está sendo enterrado." O que se dirá é: "Trata-se de um católico romano, de um luterano, de um judeu[73] etc." Se assim fosse, se houvesse tantas formas diferentes de enterro quanto existem diferentes cultos no reino, "*a sociedade deixaria de ser uma* (...) uma linha absoluta de demarcação, seria, portanto, traçada entre a sociedade dos mortos e a sociedade dos vivos. (...) O cidadão, ao morrer, pareceria se isolar e fazer cisma com a grande sociedade".[74]

Estava difícil levar mais longe a paixão da unidade. Sempre lógico, De Moÿ continuava pedindo a criação de um serviço público dos funerais, e ele descrevia os símbolos naturalistas que propunha para decorar as cerimônias fúnebres. "Pintem-nos o sono; morrer é adormecer pela última vez, adormecer sem esperança de despertar, sem esperança de retornar a esta longa vigília que se chama vida."[75]

Mas reunir todos os franceses no mesmo cerimonial fúnebre não é suficiente. É necessário que, nesta vida, eles se sintam concidadãos e irmãos, que comunguem certos dias no culto comum da Pátria. "Tanto quanto cada culto, a nação também tem suas festas, ou seja, suas pompas, seus eventos eternamente memoráveis que ela celebra", e De Moÿ esboçava em linhas gerais o plano dessa religião nacional, à qual queria subordinar todas as outras. Segundo ele, a religião nacional dos franceses nascera no dia da Federação. Antes daquele dia:

(...) o povo francês já havia ousado se intitular nação, mas a nação ainda não existia; até lá, nenhum pacto de família entre cidadãos, nenhum nó que os unisse, nenhum juramento prestado entre as mãos de uns e de outros em sinal de união, em sinal de igualdade, em testemunho, como garantia de uma sincera e eterna fraternidade.[76]

A religião nacional existe, é preciso apenas aperfeiçoá-la e completá-la. Antes de tudo, será necessário afastá-la da ligação impura das outras religiões, torná-la completamente secular:

Esse altar, em cima do qual vocês mantêm o padre romano com seu diácono, seu subdiácono e todo seu séquito de levitas de túnicas e de alvas, para nele fazer a missa,[77] chamamos isso de altar da pátria. A França é, portanto, um país de obediência e totalmente dependente do Pontífice Romano, de seus cardeais e prelados![78]

Fora então o padre! As cerimônias cívicas serão presididas no futuro pelo magistrado, ou pelo idoso mais venerável, pelo patriarca da cidade, que abrirá a cerimônia com um cântico à liberdade recuperada. A juventude cantará, em seguida, o respeito devido à família e à cidade. Historiadores lerão para o povo a história dos eventos memoráveis que fundaram a liberdade. Assim, a nação também terá seu culto e sua bandeira, uma bandeira sob a qual todos os franceses, sem distinção de culto, irão se alinhar! O culto nacional, espera De Moÿ, substituirá gradualmente todos os outros. "Os faquires e os monges, essa nuvem de indivíduos estéreis e hipócritas, avarentos e malévolos" finalmente desaparecerão perante a Filosofia e a Razão, e a regeneração será realizada!

O alcance do livro de De Moÿ foi considerável.[79] Jamais se havia formulado com essa nitidez e essa amplitude o projeto de destruir o catolicismo, substituindo-o. Os filósofos se apropriaram das propostas do pároco de Saint-Laurent e até de seus argumentos e de seus exemplos. A Legislativa não se separará sem executar uma parte de seu programa, que devia ser aplicado integralmente pela Convenção e pelo Diretório.

As revistas filosóficas imediatamente se aplicaram em fazer conhecer a escrita do pároco de Saint-Laurent. A *Feuille Villageoise* publicou longos trechos disso no seu número de 15 de março de 1792. O *Révolutions de Paris*, depois de felicitar o autor, tirou esta conclusão:[80]

> Apenas três párocos desse calibre em cada departamento e o desejo de Mirabeau logo seria realizado, a França seria em breve *descatolicizada*. Se essa boa sorte acontecer conosco, o agradecimento deverá ser dirigido a esse deputado que rapidamente consolaria a Assembleia Nacional da perda que ela diz ter causado na pessoa do falecido Cerutti.

E o diário de François Louis Prudhomme acrescentava em seguida uma reflexão, da qual mais de um leitor deve ter sentido a exatidão:

> O que não concebemos bem é ver o sr. De Moÿ, depois da profissão de fé que ele acaba de publicar com sucesso no seu livro *De l'Accord de la Religion et des Cultes*, ainda vestido com uma estola, uma casula, cantando *oremus* no púlpito e celebrando a missa no altar.

As ideias de De Moÿ não tardaram a ser levadas à tribuna da Legislativa.

O RELATÓRIO DE FRANÇAIS DE NANTES, DE 26 DE ABRIL DE 1792

Em 26 de abril de 1792, Antoine Français, conde de Nantes, em nome do Comitê dos Doze, leu um grande relatório sobre os meios de trazer a tranquilidade de volta ao interior do reino.[81] Esboçando à sua maneira a história das religiões, ele denunciou os crimes dos padres, que haviam alterado a bela simplicidade do culto dos primeiros homens para escravizar e entorpecer o povo: "Chegamos ao ponto em que ou o Estado esmaga essa facção ou essa facção esmaga o Estado." Mas como esmagar os refratários? Em primeiro lugar, proibindo que usem o confessionário; em seguida, internando-os na sede do departamento; e depois deportando-os. Daqui em diante, somente os padres constitucionais poderão ensinar na cátedra pública e na cátedra secreta. Isso significa que teremos que nos limitar a fazer triunfar esses últimos? Français de Nantes não pensa assim. Os padres constitucionais, apesar de tudo, são padres. Eles teriam grande necessidade de reformar a si mesmos, e Français de Nantes espera que "um dia, livres de seus adversários, cercados por mais luz e menos perigo, eles dirão com Thomas Paine: 'Todos os cultos que tornam os homens bons são bons'". Em outras palavras, ele já os vê rejeitar o catolicismo para aderir à religião natural. Os aplausos unânimes da Assembleia e das tribunas que saudaram esse desejo mostraram que ele era compartilhado pela maioria dos patriotas.

Mas Français de Nantes não conta apenas com os bons padres para trazer de volta o povo à Constituição, ele propõe toda uma série de outros remédios. Ele gostaria que, uma vez por mês, a Legislativa endereçasse oficialmente aos cidadãos instruções, conselhos e cartas de advertência. Assim, os legisladores também se tornariam os "preceptores do povo". Suas instruções periódicas seriam lidas com avidez em todas as comunas, em todas as escolas, em todos os clubes. Elas serviriam de ponto de encontro à divergência de opinião e de contraponto às produções do espírito de partido. Ao mesmo tempo:

> (...) [as municipalidades serão obrigadas a] reunir seus concida
> dãos todos os domingos na casa comum para ler as leis que terão
> sido decretadas durante a semana e dar-lhes instruções relativas
> à situação das coisas em geral e a sua posição em particular.

Não teria sido traçar, com seis anos de antecedência, o programa das reuniões aos *décadis* do Diretório?

O relatório de Français de Nantes foi recebido com uma "aclamação unânime" e a Assembleia ordenou que fosse enviado aos oitenta e três departamentos.[82]

NOVO DEBATE SOBRE OS REFRATÁRIOS

Em 15 de maio, iniciou-se a discussão sobre o projeto de decreto que ele havia apresentado em nome do Comitê dos Doze. Isnard deplorou, mais uma vez, o erro da Constituição Civil do Clero, denunciou as intrigas e as traições da Corte e concluiu, como Français, pedindo a deportação dos refratários. No dia seguinte, Lecointe-Puyraveau e Vergniaud acabavam de concluir na mesma direção quando o pároco de Saint-Laurent, De Moÿ, subiu por sua vez à tribuna.[83] Ao passo que os oradores precedentes apenas tinham lamentado o erro da Constituição Civil por acaso e sem nele insistir, De Moÿ fez dele o centro de seu discurso. Com uma grande força, ele mostrou que a Constituição Civil estava

O MOVIMENTO ANTICLERICAL SOB A LEGISLATIVA

em contradição formal com a Declaração dos Direitos, uma vez que ela criava na França um clero privilegiado:

> Antigamente perseguíamos como herege, ou pelo menos como cismático, qualquer um que se recusasse a se comunicar com o clero romano; hoje, quem se recusa a reconhecer o padre constitucional é suspeito, registrado de falta de civismo ou de aristocracia. Pergunto, senhores, se vocês tivessem no seio de um império uma sociedade religiosa que, como tal, considerasse o grande lama como seu legítimo e único soberano, a nação se encarregaria, se divertiria em nomear os ministros? Vocês dividiriam de propósito a França por eles como um tabuleiro de xadrez?[84]

E De Moÿ conclui pedindo a revogação pura e simples da Constituição Civil e propondo, para substituí-la, uma lei sobre a polícia dos cultos, que daria aos cidadãos a liberdade de escolher seus padres. Interrompido pelos bispos constitucionais,[85] De Moÿ foi aplaudido pela grande maioria da Assembleia, que ordenou a impressão de seu discurso. Ramond veio propor dar prioridade a seu projeto de decreto, mas então aconteceu uma dessas reversões abruptas, que ocorriam muito comumente na Legislativa. Um deputado, cujo nome não se sabe, chamou a atenção de seus colegas para os perigos da moção que eles iam votar:

> Procurou-se insinuar ao povo que estava dentro do sistema da Assembleia constituinte *abolir a religião*, e, após paralisar o velho clero, propunha-se abolir o resto. Afastemo-nos de todas as medidas que tenderiam a dar crédito a essa opinião, porque poderíamos esperar ter a guerra civil ao mesmo tempo que a guerra estrangeira.[86]

Como em novembro do ano anterior, a Assembleia recuou, temerosa de que o povo pudesse acreditar que ela queria abolir a religião; assim, ela se resignou a manter a Constituição Civil. Por proposta de Delacroix, a moção de De Moÿ foi descartada pela questão preliminar.

O debate foi retomado em 24 de maio;[87] o padre constitucional Ichon apresentou a defesa de sua igreja e mostrou que a separação

135

exigida por Ramond e De Moÿ só beneficiaria os refratários, ou seja, os inimigos da Revolução. Becquet opôs-lhe a tese da separação. Para legitimar as medidas de exceção contra os refratários, Larivière invocou a autoridade de Rousseau e leu seu capítulo sobre religião civil. Ramond replicou que o *Contrato Social* "não se entende como todos os livros" e protestou vigorosamente contra a deportação de padres por autoridade administrativa. "Era assim que Luís XIV os usava contra os jansenistas." Guadet denunciou os "sofismas" de Ramond, mostrou "a insurreição geral dos refratários", falou da "voz do povo". Ramond quis responder, mas a maioria havia tomado assento, a discussão foi encerrada, e foi votada a deportação dos padres refratários.[88]

Mais uma vez, a Constituição Civil do Clero, condenada em princípio pela maioria dos deputados, foi mantida apenas por considerações políticas. No entanto, a cada dia o abismo entre os filósofos e o clero constitucional ficava um pouco mais profundo, porque a cada dia se afirmava mais evidente a impotência desse clero em defender a Revolução.

O COMITÊ DE INSTRUÇÃO PÚBLICA E A PROPAGANDA CÍVICA – CONDORCET

O Comitê de Instrução Pública da Assembleia tinha recebido a missão de retomar a obra na qual o clero constitucional fracassara: organizar, ao mesmo tempo, a educação das crianças e a educação cívica do povo. No exato momento em que o debate sobre os padres estava prestes a se abrir, em 20 e 21 de abril de 1792, Condorcet leu, em nome desse Comitê, seu famoso relatório sobre "a organização geral da instrução pública".[89] Ele tivera o cuidado de não esquecer que os feriados nacionais eram um ramo da educação do povo:

> As festas nacionais, ao lembrar aos habitantes do campo e aos cidadãos urbanos os gloriosos tempos de liberdade, ao consagrar a memória dos homens cujas virtudes honraram sua permanência, ao celebrar as ações de devoção ou de coragem que ali tiveram lugar, lhes ensinarão a estimar os deveres que virão a conhecer.[90]

Mais do que com as festas cívicas, Condorcet contava com as conferências populares para desiludir os cidadãos e ensiná-los sobre as virtudes patrióticas. Porém, enquanto Lanthenas se dirigia, para organizar essas conferências, às sociedades populares, e Français de Nantes, às municipalidades, Condorcet reclamava o mesmo serviço dos professores. Seu projeto de decreto continha um artigo assim concebido:

> Todos os domingos, o professor dará uma instrução pública, à qual os cidadãos de todas as idades, e especialmente os jovens que ainda não prestaram o juramento cívico, serão convidados a assistir.

Essas instruções terão por objeto:

> 1) Recordar os conhecimentos adquiridos nas escolas;
> 2) Desenvolver os princípios de moralidade e direito natural;
> 3) Ensinar a Constituição e as leis, cujo conhecimento é necessário para todos os cidadãos e, em particular, as que são úteis para os jurados, os juízes de paz, os oficiais municipais, para anunciar e explicar as novas leis que lhes é importante conhecer.[91]

Quando reimprimir seu relatório em 1793, Condorcet dará a seu pensamento uma forma mais precisa. Ele escreverá então que as palestras semanais dadas pelos professores terão acima de tudo esta utilidade de preservar o povo "de feiticeiros e de contadores de milagres". Disse ele:

> Eu até gostaria que, de vez em quando, os mestres fizessem alguns [dos milagres] em aulas semanais e públicas: um pato de vidro que vem buscar o pedaço de pão que lhe é apresentado com uma faca, a resposta a uma pergunta que se faz encontrar em um livro todo branco, o fogo que se mostra no final de uma pá, a pira que se acende enquanto se rega a vítima, o sangue que se liquefaz, os milagres de Elias ou de São Januário e milhares de outros desse tipo não seriam nem caros nem difíceis de repetir. Esse meio de destruir a superstição é dos mais simples e mais eficazes.[92]

Assim a propaganda cívica pelas conferências populares logo se tornaria uma arma nas mãos dos descristianizadores.

PROJETOS DE FESTAS CÍVICAS
EMANADAS DE SIMPLES INDIVÍDUOS

A Legislativa se separou antes que seu Comitê de Instrução Pública lhe tivesse submetido um projeto de decreto para organizar as festas nacionais. Mas foi ganhando espaço a ideia de que a pátria deveria ter suas solenidades particulares, distintas das solenidades das religiões, e de que essas solenidades seriam uma escola de civismo e fraternidade.

A partir de abril de 1792, cidadãos comuns passaram a enviar projetos de festas patrióticas à Assembleia, como Duport-Roux, cidadão ativo de Romans, que escreveu ao presidente da Legislativa em 27 de abril de 1792: "A tolerância religiosa, da qual a razão faz um preceito, é um dos artigos da Carta Constitucional".

O luterano e o calvinista não podem ser forçados a deixar seus templos, nem o judeu a deixar sua sinagoga para perjurar nas igrejas.

O não conformista não misturará sua alegria com a do conformista porque suas opiniões religiosas têm alguma diferença?

A Assembleia Nacional, ao que parece, precisa cuidar de um modo de júbilo e de ação de graças que possa ser comum a todos os cidadãos, que não permita perceber a diversidade das crenças ou a uniformidade exclusiva de um culto, que, respeitando a liberdade de consciência, estimula o patriotismo a se desenvolver.

Eis o que vem submeter à Assembleia Legislativa um cidadão que realmente ama sua pátria e que, temendo tudo que possa dividir os espíritos, deseja apaixonadamente o que tende a unir os sentimentos.

Os diretórios distritais indicariam em cada festa nacional um local de reunião em cada cantão.

As municipalidades iriam ao local com o lenço no meio de suas respectivas guardas nacionais armadas.

Uma fogueira de feixe de lenha que teria sido montada seria acesa pelos prefeitos e pelos oficiais municipais de cada comuna.

Essa cerimônia seria precedida por esta invocação, que seria dirigida ao Ser Supremo pelo decano dos prefeitos, que não seria o ministro de nenhum culto: "Pai comum dos homens, que os criou irmãos, receba a homenagem de seus filhos e espalhe sobre eles o espírito da verdade, da justiça e da paz."

Com o fogo a arder, os cidadãos organizados em coros, acompanhados por instrumentos musicais, cantariam os dezessete artigos da Declaração dos Direitos.[93]

Ao mesmo tempo, o "sr. Poyet, arquiteto da cidade de Paris", *em um projeto de espetáculo nacional e festas anuais,*[94] por sua vez, pedia à instituição das festas cívicas a preservação do novo regime:

> É preciso que o império dos costumes se una ao das leis; é necessário que o homem aprenda a amar tanto quanto a conhecer os benefícios de uma boa legislação; é preciso que o espírito público se forme e determine com rapidez e energia o sentimento do bem comum e o amor geral pela prosperidade pública. Se nossos costumes permanecerem os mesmos, se o povo não se educar, teremos construído na areia um edifício imponente, mas pouco sólido (...) Nada melhor para esse objetivo do que a instituição das festas públicas. No seio das grandes reuniões que elas produzem, os cidadãos se unem, julgam-se, conhecem-se, uma benevolência comum os anima, a imaginação se exalta, a coragem aumenta, a alma se abre para o amor à coisa pública e a seus semelhantes.

Um pároco filósofo, que acabara na teofilantropia, Charles Chaisneau, pároco de Plombières, perto de Dijon, propunha, para dar à luz os bons cidadãos, os heróis, organizar todo um sistema graduado de prêmios nacionais que lhes seriam concedidos em cerimônias solenes.[95] No panteão dos seus sonhos, ele tem um díptico nacional, um catálogo racional dos grandes homens que a França produziu desde o início da monarquia e durante a Revolução. Perto do díptico, no altar da pátria, ele coloca "uma estátua que pisa o monstro do fanatismo e da superstição. Com uma das mãos ela segura correntes quebradas; com a outra, ela distribui coroas cívicas".

FANATISMO IDEOLÓGICO: AS ORIGENS DOS CULTOS REVOLUCIONÁRIOS

Chaisneau, Poyet, Duport-Houx certamente não foram os únicos a solicitar a organização definitiva desse culto cívico, cujos elementos já existiam em um estado espontâneo. O exemplo deles nos mostra em que profundidade as concepções de políticos tinham penetrado. Já é de se esperar que, se hesitarem em ir até o fim, em colocar a religião revolucionária contra o catolicismo, o povo patriótico seguirá em frente sem eles de qualquer maneira.

PROJETO DE GOHIER SOBRE O ESTADO CIVIL

Mas, neste momento em que estamos, os legisladores ainda não aprenderam a desconfiar da opinião pública. Eles a precedem e servem como guias. Em 19 de junho de 1792, durante a discussão sobre a laicização dos atos do estado civil, o deputado Gohier, em um discurso muito estudado, propôs cercar por um cerimonial cívico a constatação dos batismos, dos casamentos e dos falecimentos. Se o seu projeto de decreto tivesse sido adotado e colocado em prática, a religião revolucionária teria recebido um culto oficial a partir de 1792.

Ao altar da antiga religião, Gohier opõe o altar da nova religião, o altar da pátria, que cada comunidade teria de construir a partir de um modelo uniforme. Em frente ao altar da pátria, onde se lerá a Declaração dos Direitos, o cidadão "será levado a cada época interessante de sua vida". Ele será colocado lá no seu nascimento, ali receberá armas aos dezoito anos e será inscrito na lista de cidadãos aos vinte e um; ali ele se casará, e para lá, por fim, seu cadáver será levado para funerais cívicos. Em suma, a pátria terá seus sacramentos como a religião. Tudo lembrará ao cidadão "que ele nasce para sua pátria, que ele deve viver e morrer por ela". A pátria, como outrora a religião, tomará o homem inteiro, irá amassá-lo de corpo e alma. Gohier explica:

> O espetáculo de uma criança interessa à alma menos sensível; aquele que oferece a união de dois cônjuges que juram um ao outro amor e fidelidade não inspira menos interesse; e a mais bárbara se enternece à simples visão de um inimigo que expira.

A cerimônia lúgubre de um comboio, ao lembrar ao homem seu último fim, associa-o, por assim dizer, ao luto da família do falecido. Enobrecemos todas as sensações que o coração experimenta nessas várias posições; *vamos imprimir a ele*, se é permitido expressar-se assim, *um tom cívico*; aproveitemos o momento em que a alma está agitada para penetrá-la com as virtudes que devem engrandecê-la, que devem elevá-la acima de si mesma.[96]

Gohier não se limitou a expressar pontos de vista gerais – para cada um dos atos principais na vida do cidadão ele delineava todo um cerimonial cívico modelado no cerimonial católico.

Para os *nascimentos*, os "magistrados do povo", atuando como padres, não registrariam a criança nos registros civis sem se comprometer solenemente, em nome da pátria, a libertá-la da servidão, da ignorância, proporcionando-lhe uma educação digna de um homem livre. Por sua vez, o pai da criança, ou seu padrinho, comprometer-se-ia, em nome do novo cidadão, a ser fiel à nação, sujeito à lei e respeitoso das autoridades constituídas. A cerimônia terminaria com o grito de "Viva livre ou morra!".

Aos dezoito anos, o jovem estaria armado como guarda nacional e faria como que uma primeira comunhão cívica. Todos os anos, na época memorável de 14 de julho, os veteranos levariam os jovens cidadãos com a idade exigida ao altar da pátria. Lá, os magistrados lhes lembrariam de que a força armada só é estabelecida em auxílio da lei, que "eles só recebem as armas para defendê-la" etc. Eles acrescentariam a suas exortações patrióticas conselhos de moral. A mesma cerimônia seria renovada aos vinte e um anos de idade, no momento do registro cívico. Todos os assistentes repetiriam o juramento de *viver livres ou morrer*.

Para os *casamentos*, as publicações seriam feitas em frente ao altar da pátria. Novamente diante do altar da pátria, os cônjuges seriam unidos pelos magistrados. Eles anunciariam: "Que os sentimentos mais doces da natureza não os façam esquecer que, antes de pertencer um ao outro, vocês pertencem à pátria", e selariam seu "voto conjugal" com o grito *viver livres ou morrer*.

Por fim, a pátria concederia *honras fúnebres* aos mortos. Qualquer cidadão seria apresentado em seu altar após seu falecimento.

A procissão seria digna de um homem livre. Os discursos retraçariam a vida do defunto e recordariam os títulos que ele poderia ter para reconhecimento público.

A Legislativa ouviu sem pestanejar o projeto de Gohier, cumprimentou-o com "muitos aplausos" e ordenou sua impressão. Oito dias depois, em 26 de junho de 1792, ela adotou o artigo essencial e decretou:

> (...) em todas as comunas do Império será erguido um altar da pátria, sobre o qual será gravada a Declaração dos Direitos, com a inscrição: *o cidadão nasce, vive e morre pela Pátria.*

Pelo mesmo decreto, o Comitê de Instrução Pública foi informado dos demais artigos do projeto e incumbido de buscar seus meios de execução.

O DECRETO DE 20 DE SETEMBRO DE 1792

O Comitê de Instrução Pública não dá nenhuma sequência à moção que lhe era reenviada, mas, em sua última sessão, a Legislativa pronunciou a laicização dos atos do status civil, ao mesmo tempo que instituía o divórcio. Esses dois grandes decretos, que se complementavam, desferiam o golpe mais sensível no clero constitucional. A separação entre Igreja e Estado, muitas vezes adiada por razões de conveniência, no entanto, se realizava em detalhes, e o fosso se fazia mais profundo entre pátria e religião. Disse Jaurès[97] de modo preciso:

> (...) [tirar os atos do status civil dos padres] foi uma das medidas decretadas mais profundamente revolucionárias. Ela alcançava a vida social a fundo. Ela mudava, se assim posso dizer, a própria base da vida. E quão poderoso símbolo dessa grande renovação civil no transporte em massa de todos os registros removidos da igreja e levados à casa comum, nesse fechamento geral dos antigos registros e na abertura dos novos registros, com os quais as novas gerações estariam como que libertadas de todo contato com o padre!

10 DE AGOSTO E A DESCRISTIANIZAÇÃO

Desde 10 de agosto, o movimento anticlerical ganhara uma força e uma largura crescentes.

A) A COMUNA

A Comuna revolucionária começava obliquamente o trabalho de descristianização, e a Assembleia a seguiu.

No rescaldo do tumulto, "a partir de denúncias feitas por vários cidadãos de *exações* praticadas pelo clero constitucional",[98] ela suspendia a supressão do casual [estipêndio pago ao sacerdote em certas ocasiões], instituía pelo mesmo decreto a igualdade dos funerais, suprimia os guardiões da igreja e os bancos a eles reservados etc. Foi apenas um prelúdio. Um dos que ponderavam o decreto deixava transparecer segundas intenções descristianizadoras: "Considerando que em um país livre qualquer ideia de superstição e fanatismo deve ser destruída e substituída pelos sentimentos de uma filosofia saudável e de uma moral pura." Em 17 de agosto, por um novo decreto, a Comuna requisitou o bronze das igrejas "para a defesa da pátria":

> Todos os simulacros bizarros que devem sua existência apenas à astúcia dos padres e à bonomia do povo (...), todos os crucifixos, púlpitos, anjos, demônios, serafins, querubins de bronze serão empregados para fazer canhões. As grades das igrejas servirão para fazer espadas.[99]

Em 30 de setembro, a seção Mirabeau mudava os nomes das ruas que recordavam a aristocracia ou o fanatismo. A rua d'Artois tornou-se a rua Cerutti; a rua de Provence, rua Franklin; a rua de Taitbout, rua Brutus; a rua Chantereine, rua De La Liberté; a rua Saint-Georges, rua Guillaume-Tell; a rua Saint-Lazare, rua Des Belges; a rua Des Martyrs, rua Régulus etc.[100]

B) A LEGISLATIVA

A Assembleia não ficou atrás da Comuna. Com menos violência na forma, ela fazia, no fundo, o mesmo trabalho.

Em 19 de julho de 1792, ela já havia retirado dos bispos constitucionais seus palácios episcopais, que foram postos à venda em benefício da nação.[101]

Em 14 de agosto, sob a proposta de Delacroix e Thuriot, ela encarregou a Comuna de Paris de converter os templos e monumentos nacionais em canhões. No mesmo dia, revogou o édito de Luís XIII para a procissão de 15 de agosto. Ainda no mesmo dia, ela ouvia um de seus membros, Lejosne, denunciar veementemente os obstáculos trazidos por certos bispos ao casamento de padres.[102]

Em 18 de agosto, ela suprimiu as últimas congregações ainda existentes e renovou nessa ocasião a proibição do traje eclesiástico já decretada em 6 de abril.[103]

Em 28 de agosto, ela admitia na tribuna uma delegação dos jacobinos, que fora oferecer à pátria uma estátua em prata de São Roque e ouvia do orador da delegação este discurso hebertista:

> As várias irmandades formaram no império elos dessa cadeia sacerdotal pela qual o povo era escravo; nós os quebramos e nos juntamos à grande irmandade dos homens livres. Temos invocado nosso São Roque contra a praga política, que tantos estragos causou na França. Ele não nos atendeu. Achamos que o seu silêncio se devia à sua forma. Nós o trazemos para vocês para que seja convertido em numerário. Sem dúvida, contribuirá, nessa nova forma, para destruir a raça pestilenta de nossos inimigos.[104]

Em 7 de setembro, a Legislativa convertia em edital o decreto da Comuna de Paris e proibia que os eclesiásticos assalariados pelo Estado recebessem um casual sob qualquer denominação.[105]

Ao mesmo tempo, o ministro do Interior, Roland, organizava um escritório de espírito público para espalhar por toda a França a boa palavra filosófica e a Assembleia colocava a sua disposição cem mil libras para essa propaganda.[106] Em toda a França, de acordo com as instruções

A SITUAÇÃO NO FINAL DA LEGISLATIVA

Em resumo, quando a Legislativa se separou, a ruptura definitiva entre Igreja e Estado parecia cada dia mais iminente. Mas também parecia que essa ruptura não seria puramente negativa. Ao separar-se da religião, o Estado revolucionário entendia manter o caráter religioso e todos os dias se esforçava mais em derivar para a nova ordem social a fé que antes ia para a antiga. Desde Varennes, a religião da pátria, singular-mente, se fortalecera e se especificara. Lanthenas, De Moÿ, Condorcet, Français de Nantes, Gohier, em seus projetos de propaganda, de ins-truções e de festas cívicas, tinham, de fato, delineado o plano de uma organização cívico-religiosa destinada a defender e fazer amar a nova instituição política. Esta organização estava em toda parte em via de formação. O clero constitucional, derrotado, desencorajado, enfraque-cido, retirava-se da Revolução; os oradores dos clubes, "os propagadores da razão" tomavam o lugar que ele abandonava, e suas festas cívicas, suas conferências populares, suas missões patrióticas se tornavam tantas assembleias religiosas, onde a multidão ia comungar na pátria.

O próprio Robespierre, que tanto resistira à corrente filosófica, parecia, naquele momento, também querer dar sua contribuição ao culto patriótico. Em 14 de agosto de 1792, à frente de uma delegação da seção da praça Vendôme, ele veio solicitar à Legislativa a construção de uma pirâmide dedicada aos mortos de 10 de agosto: "Apressem-se a honrar as virtudes que precisamos, *imortalizando os mártires da liberdade*. Essas não são apenas honras, é uma apoteose que devemos a eles."[108]

A festa fúnebre para os mortos de 10 de agosto, que foi celebrada no dia 26 do mesmo mês no jardim das Tulherias, atraiu uma imensa multidão.[109]

Ainda em 4 de novembro, a sessão do Théâtre Français celebrava no local dos *cordeliers* uma cerimônia republicana "em memória dos corajosos cidadãos, dos generosos marselheses e dos federados dos departamentos que morreram gloriosamente no memorável dia 10 de

FANATISMO IDEOLÓGICO: AS ORIGENS DOS CULTOS REVOLUCIONÁRIOS

agosto de 1792".[110] Momoro presidia; Anaxagoras Chaumet (*sic*), que pronunciou o louvor fúnebre, o terminou com uma invocação final à Natureza de estilo todo panteísta:

> Eles entraram no seio materno da terra, aqueles de quem hoje coroamos o túmulo. Ó Natureza! Por que não posso aqui desenrolar o imenso volume de teus sublimes mistérios! (...) Ó Mãe! Recebe neste momento o tributo de homenagens que eu te devo (...) Terra livre! Terra natal! Prepara teus mais suaves aromas, aquece em teu seio o germe das novas flores, para que, na volta dos zéfiros, nós possamos cobrir, com eles, a tumba de nossos irmãos; mas enquanto esperamos por essa época feliz, amigos, formemos coros; é com cânticos de alegria que se celebra a memória dos defensores da pátria.

Lendo essas peças, sentimos que os tempos do culto da razão estão próximos.

E, no entanto, levará mais um ano para que o culto revolucionário seja lançado à luz do dia e, com Chaumette, Fouché e os representantes em missão, para que o culto se esforce para abolir o catolicismo. Isso ocorre porque os revolucionários, unidos em princípio sobre a necessidade de instituir em torno da pátria um organismo capaz de protegê-la e torná-la amada, ainda não estão totalmente convencidos da necessidade de substituir inteiramente esse culto cívico à religião antiga, que seria radicalmente abolida. Os oportunistas e os estadistas, com Robespierre, Danton, Desmoulins, por medo de comoções populares, se opõem, na medida do possível, à violenta descristianização e protegem o clero constitucional, de quem eles retardam a queda definitiva. Foi somente depois de 31 de maio, quando encontraram as mãos dos padres constitucionais na revolta dos girondinos, que os montanheses[111] não hesitaram mais.

Assim, como muito bem o disse o sr. Aulard:

> (...) a experiência provou que a república "montanhesa" não podia contar com a Igreja constitucional, da qual muitos ministros tomaram partido dos girondinos, dos federalistas. Todo o clero constitucional parece hostil à política unitária da Montanha; todo

o clero constitucional se torna, aos olhos dos *sans-culottes*, o inimigo, e decididamente o povo acha que esse clero não é melhor que o outro, e que os jurados girondinizados são tão perigosos para o país quanto os não jurados cúmplices de reis e emigrantes. Ontem, os bons padres eram opostos aos maus; hoje, acredita-se que não há mais bons padres. A religião católica é desacreditada por isso na mente dos patriotas militantes. Se o culto é o obstáculo à defesa nacional, bem, vamos abolir o culto![112]

CONCLUSÃO

Talvez me seja permitido tirar deste estudo, por mais incompleto que seja, algumas conclusões:

- Os cultos revolucionários não foram construções artificiais, expedientes de um dia que só mesmo aqueles que os imaginavam levavam a sério. Foram, na realidade, a expressão sensível de uma verdadeira religião, oriunda da filosofia do século XIII, e que eclodiu espontaneamente nos primeiros anos da Revolução.

- A religião nova, após ter crescido confusamente, começou a tomar consciência de si mesma e a se separar da antiga após o fracasso da Constituição Civil do Clero. Foi o fracasso da Constituição Civil que deu aos revolucionários a ideia de romper com o catolicismo, substituindo-o, e substituindo-o pelo culto cívico, cujos elementos existiam dispersos. É preciso procurar a origem do culto da Razão nos inúmeros projetos de festas cívicas e de propaganda patriótica formulados em grande número desde a Legislativa.

- A ideia da separação entre a Igreja e o Estado é corrente nos círculos patrióticos desde 1791, mas não é verdadeiramente uma ideia secular. Com raras exceções, os revolucionários permanecem homens do antigo regime, principalmente apaixonados pela unidade. A concepção de um Estado neutro, indiferente às religiões, lhes é estranha. O Estado ideal que eles imaginam segundo Rousseau é o Estado antigo, o Estado soberano em todos os sentidos da palavra, o Estado guardião da virtude e o instrumento da felicidade. Para o novo Estado que instituíam eles exigem o mesmo respeito, a mesma veneração que cercava o antigo, e eles transpõem o catolicismo em seus cultos cívicos.

VISTO E LIDO NA SORBONNE,
em 24 de dezembro de 1903,
pelo reitor da Faculdade das Letras
da Universidade de Paris.
A. Croiset.

VISTO E LICENÇA DE IMPRESSÃO:
O Vice-Reitor da Academia de Paris.
L. Liard.

NOTAS

PRIMEIRA PARTE

CAPÍTULO 1

1. Histoire du Consulat et de l'Empire, ed. 1874, t. II, p. 163.

2. Quinet, ed. do centenário, t. II, p. 57-97.

3. L'Église et la Revolution Française: Histoire des Relations de l'Église Et de l'État de 1789 a 1802, 2ª ed. (1867). Livro III, cap. III, p. 351-354.

4. Michelet, livro XIV, cap. 1.

5. Histoire de la Théophilanthropie, 1870.

6. Aulard, Le Culte de la Raiso et le Culte de l'Être Suprême, 1892, p. VIII.

7. Ibid., p. VIII.

8. 1895.

CAPÍTULO 2

1. É evidente que só vemos o fenômeno religioso como fenômeno social e deixamos de lado a "religião interior", sentimento individual, concepção querida a muitos protestantes.

2. Sob este título: De la définition des phénomènes religieux, Année sociologique, t. II, Paris, 1899.

3. Loc. cit., p. 13.

4. lbid., p. 21.

5. Ibid., p. 20.

6. Loc. cit., p. 24.

7. Ibid., p. 23.

8. lbid., p. 28.

CAPÍTULO 4

1. Citado por Aulard, Le Culte de la Raison, p. 8 e 10.

2. Ver os textos reunidos por Aulard no capítulo I, "Les Philosophes", de seu Culte de la Raison.

3. Como explica o último editor do Contrato, Georges Beaulavon (Paris, 1903), p. 133, nota I.

4. Livro 1, cap. 1, p. 145 da edição Beaulavon.

5. Seguidores do Conde de Saint-Simon (1760-1825), pensador e teórico social francês, um dos fundadores do socialismo cristão.

CAPÍTULO 5

1. Honras fúnebres prestadas em Besançon ao sr. Blanc, primeiro deputado do Terceiro Estado desta cidade, falecido em Versalhes no mês de julho. Em Besançon, em 18 de julho de 1789 (Bib. da Cidade de Paris, 12.272). Em forma de carta não assinada, lê-se na p. 7: "Se tais honras foram devidas e conferidas a um dos senhores deputados, em razão da firmeza que todos mostraram até aqui (porque não se teve em vista honrá-los todos na pessoa de um deles), o que eles não devem pretender e o que eles não devem esperar se eles se tornam artesãos da nossa felicidade, através de regulamentos sábios e úteis?"

2. Um curioso projeto de "festa nacional que será celebrada em 4 de agosto" (Bib. da cidade de Paris, 12.272) estipula: "Todos os deputados de 1789 que não são nobres tornam-se agora. Eles e seus descendentes

serão merecedores igualmente, sempre preferidos, para os lugares municipais em suas províncias ou nos Estados provinciais."

3. Aulard, Actes du Comité de Salut publique, t. XI, p. 405.

4. Le Moniteur, reimp., 1863, Introdução, p. 567.

5. Sessão de 1º de julho de 1790. Le Moniteur, reimp., t. IV, p. 515.

6. Tomo emprestado ao Tomo I o relatório das sessões da reimpressão do antigo Le Moniteur. Embora esse volume tenha sido composto após o fato, no ano IV, pode-se ligar a ele em uma larga medida, pois reproduz em grande parte o Courrier de Provence.

7. Target fez parte do Clube dos Trinta, órgão diretivo de um autodenominado movimento patriota constituído no início de 1788 que conspirou contra Jacques Necker, ministro das finanças de Luís XVI, e que veio a ter um papel importante no desenrolar da Revolução Francesa.

8. La Feuille Villageoise, aviso precedendo o segundo ano (1791).

9. Carta de G. Romme para a Feuille Villageoise, nº de 21 de julho de 1791.

10. Sessão de 14 de novembro de 1791, citada por Sciout, Histoire de la Constitution civile du clergé, 1872-81, 4º vol., t. III, p. 50, nota, segundo o Journal des débats et décrets.

11. Proclamação endereçada aos parisienses após o dia 10 de agosto, citada por Sciout, ibid., t. III, p. 223.

CAPÍTULO 6

1. Constituição de 1791, título III, cap. 1º, seção 11, art. 2.

2. Juramento da Federação bretã em Pontivy no dia 15 de janeiro de 1790, citado por J. Bellec em La Révolution française, t. XXVIII, p. 25.

3. Le Moniteur Universel foi um jornal francês fundado em 24 de novembro de 1789 em Paris, França, por Charles Joseph Panckoucke, descontinuado em 30 de junho de 1901. Foi o principal jornal durante a Revolução Francesa e durante muito tempo o diário oficial do governo francês.

FANATISMO IDEOLÓGICO: AS ORIGENS DOS CULTOS REVOLUCIONÁRIOS

4. Le Moniteur, reimp., t. XIV, p. 7.

5. Convenção, sessão de 16 de messidor do ano III, em Le Moniteur, reimp., t. XXV, p. 149.

6. 22 de nivoso do ano IV; o deputado Duhot fez decretar que os Quinhentos jurariam todos os anos, em 21 de janeiro, ódio ao reinado. O mesmo juramento foi exigido de todos os funcionários.

CAPÍTULO 7

1. Decreto de 4-8 de julho de 1792, art. 16 e 17.

2. Decreto de 21 de setembro de 1793.

3. De acordo com a ata intitulada Cérémonie religieuse et civique qui a eu lieu le 26 juin 1792 en l'honneur de Gouvion à Franconville-la-Garenne, s. d., p. 11, Bib. Nac., Lb39 6.012.

4. Como em Autun. Ver o artigo de Le Téo, Étude sur l'Autel de la Patrie d'Autun dans La Révolution francaise, 1889, t. XVII, p. 187.

5. Desde o início, o altar da pátria foi cercado por um respeito religioso. Em 6 de dezembro de 1790, alguns alunos do colégio irlandês derrubaram, sem querer, um dos vasos do altar da pátria no Campo de Marte: os patriotas gritaram contra a profanação e pediram um severo castigo para os culpados. (Tourneux, Bibliographie, t. I, nº 2037.)

6. **Histoire patriotique des arbres de la liberté**, reeditado por Charles Dugast, Paris, 1833, p. 241 e sug. Bib. da Cidade de Paris, 3.242.

7. Le Moniteur de 25 de maio e de 14 de julho de 1790.

8. Georges Bussière, Études historiques sur la Révolution en Périgord, 1903, p. 260, 3ª parte.

9. G. Bussière, ibid.

10. A mesma lei especificava no seu artigo III: "No futuro, toda comuna no distrito da qual uma árvore da liberdade terá sido abatida, ou perecido naturalmente, será obrigada a substituí-la dentro de uma década, exceto para renovar essa plantação, se for preciso, por uma árvore viva, na estação conveniente, nos termos da lei de 3 de pluvioso do ano II."

A época da substituição das árvores da liberdade mortas estava fixada para a festa de 21 de janeiro (art. II).

11. AULARD, Actes du Comité de Salut public, t. X, p. 546-547.

CAPÍTULO 8

1. Nº 141, 17-24 de março de 1792. Artigo sobre o barrete vermelho.

2. Decreto de 16 de julho de 1789.

3. Decreto de 20 de junho de 1790.

4. Decreto de 19-23 de junho de 1790.

5. Decreto de 30 de julho-6 de agosto de 1791.

6. Decreto de 12-16 de maio de 1792 e decreto de 19-24 de junho de 1792 (este apresentado sobre a proposta de Condorcet).

7. Decreto de 20 de junho 1790.

8. Decreto de 1º de agosto de 1793.

9. Decreto de 14 de agosto de 1792.

10. Decreto de 27 de setembro-16 de outubro de 1791.

11. Decreto de 11 de brumário do ano II.

12. Decreto de 30 de setembro-5 de outubro de 1792, que muda Bourbon l'Archambault para Burges-les-Bains; de 9-11 de outubro de 1792, Bar-le-Duc para Bar-sur-Ornain; de 25-26 outubro de 1792, Vic-le-Comte para Vic-sur-Allier; de 22 de fevereiro de 1793, que ordena apresentar a lista dos nomes de lugares suscetíveis de reforma como lembrando a realeza e o feudalismo.

13. Carta ao Comitê de Salvação Pública de 21 de nivoso do ano II, em Aulard. Actes du Comité de Salut public, t. X, p. 184.

14. Carta ao comitê de 24 de setembro de 1793, em Aulard, ibid., t. VII, p. 39.

15. Odes républicaines au peuple français compostas no brumário do ano II. (Citado por Robinet, Le Mouvement religieux à Paris pendant la Révolution, t. II, p. 420.)

FANATISMO IDEOLÓGICO: AS ORIGENS DOS CULTOS REVOLUCIONÁRIOS

16. Sessão do brumário do ano II, em Aulard, Société des Jacobins, t. V, p. 490.

17. Sessão de 3 de novembro de 1793, em Aulard. Ibid., t. V, p. 495.

CAPÍTULO 9

1. A milícia cidadã de Luynes, ao se constituir em 2 de agosto de 1789, declara que ela fora encorajada em sua tarefa "pela devoção da Assembleia Nacional ao interesse do povo, às moções patrióticas, às discussões profundas e justas dos Lally-Tollendal, dos Mirabeau, dos Volney, dos Siéyès, a tudo o que se deve esperar da fama da coragem, das virtudes e das luzes de um Bailly, de um Lafayette, de um Rabaut-Saint-Étienne, de um Mounier, de um Target, de um Clermont-Tonnerre e de tantos outros ilustres sustentáculos da verdade, da justiça e da liberdade". Acte de confédération patriotique et de constitution provisoire de l'administration et de la milice citoyennes de la ville et cité de Luynes, arrêté en Assemblée générale le août 1789. (Bib. Nac., Lb39 7.548.)

2. De Bellec, Les deux fédérations bretonnes-angevines em La Révolution française, 1895, t. XXVIII, p. 32.

3. Michelet, Histoire de la Révolution, edição do centenário, t. I, p. 469.

4. Maurice Lambert, Les fédérations en Franche-Comté, Paris, 1890.

5. Os guardas nacionais de Saint-Brice, Cravant, Vermanton, Noyers etc. na Assembleia Nacional (...) (Bib. Nac., Lb39 3.493).

6. Federação dos guardas nacionais do distrito de Clamecy em 27 de maio de 1790. (Bib. Nac., Lb39 8.867).

7. Ata da Federação feita em Rennes, em 23 de maio de 1790, entre a guarnição e a guarda nacional da mesma cidade. (Bib. Nac., Lb39 8.850).

8. Segundo um artigo do sr. Dide em La Révolution française, t. I, p. 9.

9. Ata da confederação de Estrasburgo, 1790, casa de Ph.-J. Dannbach, tipógrafo da municipalidade (acervo Gazier).

NOTAS

10. Segundo o estudo já citado de Maurice Lambert, Les fédérations en Franche-Comté.

11. O calendário republicano francês era composto de 12 meses de 30 dias — 3 semanas de 10 dias, denominadas décadas. O décadi é o décimo dia desse período de 10 dias.

12. Lambert, estudo citado.

CAPÍTULO 10

1. Aulard, Le Serment du jeu de Paume, em La Révolution française, t. XVII, p. 18.

2. Faço o relato de acordo com a ata oficial: Description du serment et de la fête civique célébrés au Bois de Boulogne par la Société du Jeu de Paume de Versailles, des 20 juin d 1789 et 1790 (sic) (Bib. da Cidade de Paris, 12.272).

3. O pintor Jacques-Louis David.

4. As de Bourges, de Châlons, de Estrasburgo, entre outras.

5. Le Moniteur , reimp., t. IX, p. 129.

6. Decreto de 29 de setembro-14 de outubro de 1791 (seç. III, art. 20).

7. Se pelo menos acreditarmos em Robinet, op. cit., t. II, p. 514.

8. Festa nacional celebrada todos os anos no dia imortal de 4 de agosto, p. 8 (Bib. da Cidade de Paris. 12.272).

9. A festa é relatada pelo próprio G. Romme em uma carta publicada na Feuille Villageoise (nº 43, quinta-feira, 21 de julho de 1792).

10. Ver a esse respeito na Feuille Villageoise de quinta-feira, 6 de outubro de 1791, a carta do pároco de Septmoncel, Daller.

11. De acordo com o Le Moniteur , reimp., t. IX, p. 710.

12. Le Moniteur, reimp., t. IX, p. 774.

13. Decreto de 4-10 de abril de 1791.

14. Ver a tese de Louise Phelps Kellog em La Révolution française. 1899, t. XXXVII. p. 271.

15. La Feuille Villageoise, no 43, quinta-feira, 21 de julho de 1791.

16. Le Moniteur , reimp., t. XII, p. 139.

17. Decreto de 12-16 de maio de 1792.

18. Programa estabelecido pelo Diretório do departamento de Paris para a festa decretada pela Assembleia Nacional. Em 18 de março de 1792, em memória de J.-G. Simoneau, prefeito de Étampes. (Bib. da Cidade de Paris, 12.272).

19. Em Angers, foi La Revellière que pronunciou o discurso. Ata da cerimônia fúnebre que foi celebrada em Angers em homenagem a Jacques--Guillaume Simoneau, prefeito de Étampes, falecido pela manutenção das leis, 10 de abril de 1792, por Louis-Marie de La Réveillere-Lepeaux, s. l., in-8°, p. 25 (Bib. de Angers).

20. Ver na Feuille Villageoise de 23 março de 1792 o relato de uma dessas cerimônias que aconteceu no Hâvre.

21. Cerimônia religiosa e cívica que aconteceu em 26 de junho de 1792 em honra a Gouvion, em Franconville-la-Garenne, p. 11 (Bib. Nac., Lb39 6.012).

22. Le Moniteur , reimp., t. III, p. 295. A municipalidade já tinha outorgado uma medalha a uma sra. Bouju, por sua conduta patriótica nas jornadas de outubro, Le Moniteur, reimp., t. III, p. 281.

23. Le Moniteur , reimp., t. XII, p. 727.

CAPÍTULO 11

1. Orações patrióticas com passagens semelhantes da Sagrada Escritura, por J. Bossé, s. d.; p. 10 (acervo Gazier).

2. La Feuille Villageoise de 17 de novembro de 1791.

3. La Feuille Villageoise de 29 de março de 1792.

4. Peça nacional em dois atos, seguida de uma diversão, representada em Paris, no teatro de Monsieur, em 13 de julho de 1790, p. 54.

NOTAS

5. Fato histórico em um ato e em verso, representado em Paris no Théâtre des Associés, em julho de 1790, p. 55.

6. Peça de espetáculo em três atos, em prosa (...), representada no Teatro de l'Ambigu-Comique, na terça-feira, 2 de novembro de 1790.

7. Comédia em um ato e em verso com dois refrões (...) representada no teatro do Palais-Royal, em 12 de julho de 17909

8. Drama em três atos em prosa e verso (...) música de Grétry (...) representada no mês de março de 1791 no Théâtre Italien 10

9. Comédia em um ato e em prosa, representada em 15 de abril de 1791 no Théâtre Italien 11

10. Théâtre Italien, 31 de julho de 1791

11. Fato histórico em um ato e em prosa, Théâtre Molière, 10 de julho de 1790.

12. Tragédia nacional em três atos e em verso, Théâtre Molière, 18 de junho de 1791.

13. Peça episódica em verso e espetáculo, precedida de um prólogo, Théâtre Molière, 14 de setembro de 1791.

14. Peça nova em um ato e em verso, Théâtre Français, 21 de novembro de 1792.

15. Comédia em três atos e em prosa, mesclada de canto, música de Trial, Opéra-Comique, 21 novembro de 1792.

16. Fato muito histórico em dois atos, de grande espetáculo, mesclado de cantos e de danças, Théâtre de l'Ambigu, novembro de 1793.

17. Comédia em um ato e em prosa, mesclada de vaudevilles, Théâtre des Variétés du Palais, 20 de outubro de 1792.

18. O Triunfo da República ou o Campo de Grandpré, diversão lírica em um ato, representado pela Academia de Música, em 27 de janeiro, no ano II da República francesa; a música é do cidadão Gossec, os balés, do cidadão Gardel (por M. J. Chénier, segundo Barbier). 1793.

19. De acordo com o Moniteur , reimp., t. IX, p. 129.

FANATISMO IDEOLÓGICO: AS ORIGENS DOS CULTOS REVOLUCIONÁRIOS

20. De acordo com o Moniteur de 20 de outubro de 1790. A peça foi reapresentada em 15 de outubro.

SEGUNDA PARTE

CAPÍTULO 21

1. Mémoires de l'Académie de Nîmes, 7o sér., t. XVI, p. 231, citada por Lévy Schneider, Le Conventionnel Jeanbon-Saint-André, 1901, p. 89.

2. Pétition respectueuse des amis de la Société chrétienne appelés quakers, prononcée a l'Assemblée nationale, jeudi 10 fevrier 1791 (Bib. Nac., Lb39 4.606). O presidente da assembleia respondeu distinguindo os princípios religiosos das máximas sociais e assegurando os peticionários de que suas demandas seriam submetidas a discussão.

3. Encarregado de examinar as reclamações do comediante Talma contra o pároco de Saint-Sulpice, que se recusava a celebrar seu casamento, pela simples razão de que ele era comediante, Durand de Maillane tinha proposto "que todo casamento fosse válido aos olhos da lei apenas pela declaração que as partes fariam, na mesma forma que a lei prescrevera". (Ver seu relatório na Bib. Nac., Lc29 1.512). A Assembleia acolheu bem o projeto, sem adotá-lo formalmente. Ela, no entanto, escreveu na Constituição esta frase: "A Lei não considera apenas o casamento como um contrato civil." Constit. de 1791, t. 11, art. 7.

4. Decreto de 10-12 de setembro de 1791.

5. Sua carta foi publicada na coletânea intitulada Papiers trouves chez Robespierre etc., 1828, 3 vol., t. I, p. 117.

6. Aulard, Société des Jacobins, t. I, p. 382. Sessão de 26 de novembro de 1790. "Para apagar para sempre a chama do fanatismo que parece querer reacender, o meio mais seguro é chamar os padres ao estado de natureza, permitindo-lhes que se engajem nos doces laços do casamento; então, eles poderão ter costumes; então, eles pregarão a virtude de exemplo e de palavras; então, a consideração que os ministros atrairão tornará a religião mais cara e mais respeitável; então, entregues a sentimentos mais humanos, os

NOTAS

padres terão visões mais pacíficas; então, não terão mais interesses opostos aos da sociedade; então, eles serão homens, eles serão cidadãos."

7. Mémoires, t. I, p. 60.

8. Encontrara-se a indicação de alguns em Tourneux, Bibliographie, t. 111, p. 386. Entre os primeiros, citarei: Le cri de la nation à ses pairs ou Rendons les prêtres citoyens, por Hugou de Bassville, membro de várias academias e do Comitê do distrito de Filles Saint-Thomas, Paris, 1789, p. 86 (Bib. Nac., Lb39 2.194,); Le cahier des voeux et doléances de tous les gens de bien du baiillage (sic) d'Aval, p. 8 (Bib. da Cidade de Paris, 32.282).

9. O abade de Bois-Lorette, capelão da guarda nacional parisiense no batalhão de Popincourt, se casou em 1790 (Robinet, obra citada, t. II, p. 18); o abade de Cournand, professor no Collège de France, se casou em setembro de 1791 (ibid., p. 23); os abades de Herberie e Aubert o imitaram no fim de 1791 (ibid., p. 23-24).

10. Culte public en langue française, adressé à l'Assemblée nationale par M. Carré, curé de Sainte-Pallaye, département d'Auxerre (sic), 1º de março de 1790, (Bib. Nac., Lb39 3.053).

11. Segundo o Patriote français de 29 de dezembro de 1790, citado por Aulard, Société des Jacobins, t. I, p. 441.

12. A Feuille Villageoise era enviada semanalmente a todas as aldeias da França para informar das leis, dos eventos e das descobertas interessantes a todos os cidadãos; oferecida por assinatura a proprietários, agricultores, pastores, residentes e amigos do campo. O primeiro número data de 30 de setembro de 1790. Consultar nesse jornal o aviso substancial de Tourneux. Bibliographie, t. II, no 10.571.

13. Seu primeiro número é precedido por uma dupla gravura, uma das quais representa o pároco patriota, e a outra, o professor, ambos lendo a Feuille Villageoise para os camponeses reunidos em frente à igreja.

14. Nº 31, de quinta-feira, 28 de abril de 1791.

15. Sublinhado no texto.

FANATISMO IDEOLÓGICO: AS ORIGENS DOS CULTOS REVOLUCIONÁRIOS

16. Própria expressão de Bardin no decreto que ele fez adotar pelo seu Conselho municipal. O decreto está publicado dentro do nº 32, de 5 de maio de 1791.

17. Marie Jean Antoine Nicolas de Caritat, marquês de Condorcet, filósofo e matemático francês.

18. Ela contava também, entre seus colaboradores, com Charles de Villette, Pierre Manuel, Anacharsis Cloots.

19. Após a morte de Loustallot, eles tiveram por redatores Sylvain Maréchal, Fabre d'Eglantlne, Santonax e Chaumette.

20. Chronique de Paris de 29 de março de 1790, citada por H. Baulig; Anacharsis Cloots, historien et théoricien, em La Révolution française, t. XLI, p. 319. Tomo emprestado do mesmo artigo as informações que seguem.

21. Moção de um membro do clube dos jacobinos, por Anacharsis Cloots. Paris, 18 de março de 1790, em Aulard, Société des Jacobins, t. I, p. 33.

22. Carta aos autores do Chronique de Paris de 29 de março de 1790 em II. Baulig, art. citado, p. 321.

23. Camille Desmoulins publicou seu desafio em Révolutions de France et de Brabant de 1º de maio de 1791.

24. Paris, 1740, p. 140. A brochura é anônima, mas o exemplar da Bib. Nac. (Lb39 3.081) tem na capa: por Naigeon.

25. Préservatif contre un écrit intitule Adresse à l'Assemblée Nationale (...) (Bib. Nac., Lb39 3.082).

26. Na sua brochura intitulada Décret de l'Assemblée nationale portant règlement d'un culte sans prêtres, ou moyen de se passer de prêtres sans nuire au culte, Paris, 1790, (Bib. Nac., 39 8.650). No cabeçalho, esta epígrafe assinada por Sylvain Maréchal: "Um íntegro idoso, instruído pelos anos, De suas numerosas crianças guiando os destinos, Não pode ele, melhor do que um padre, ensinar a virtude? De um caráter santo não está ele revestido?"

27. Le Magistrat-prêtre, s. I. n. d., p. 16. (Bib. Nac., Ld4 3.755)

28. Tourneux mencionou alguns em sua Bibliographie, t. III, cap. II.

29. De acordo com o Moniteur de 31 de agosto de 1792. Esse número anuncia a aparição da segunda edição.

30. De l'autorité de Rabelais dans la Révolution et dans la Constitution civile du Clergé, ou Institutions royales, politiques et ecclésiastiques, tirées de Gargantua et de Pantagruel. En Utopie, de l'imprimerie de l'abbaye de Thélème. Paris, Gattey, 1791, (Bib. Nac., Lb39 4.493, por Ginguené, segundo Barbier).

31. Ver Tourneux, Bibliographie, t. III, n° 15519, 15520, 15521, 15522,15523, 15524, 15525.

32. Enterro de despotismo ou funeral de aristocratas, segundo feriado nacional dedicado a nossos patriotas bretões (...) À honra e à glória de nossos belos irmãos do Faubourg Saint-Antoine a se comemorar em 17 de julho de 1790, sobre os detritos da Bastilha, de lá, para o Campo de Marte, e depois no revérbero regenerador, Praça de Grève, onde as cinzas de todos os aristocratas serão depositadas em mármore preto, com as seguintes palavras: Aqui repousam de uma só vez os males da França: Clero, Judicatura, Nobreza e Finanças. 1790. (Bib. da Cidade de Paris 12.272).

33. Ver a circular em Aulard, Société des Jacobins, t. II, p. 4.

34. Ver o relatório da sessão em Aulard, Société des Jacobins, t. II, p. 501.

35. Essa observação já foi feita por Victor Moulins em uma dissertação para o diploma de estudos apresentado na Sorbonne: "São eventos reais, festas espontâneas das Federações, não as teorias de J.-J. Rousseau sobre as celebrações públicas que levaram os revolucionários a organizar festas periódicas." Université de Paris. Positions des mémoires présentés à la Faculté des Lettres pour l'obtention du diplôme d'études supérieures. (Histoire et Géographic). Paris, 1896. A dissertação é intitulada "A instituição das festas cívicas e nacionais durante a Revolução até o estabelecimento do calendário republicano (maio de 1789, outubro de 1793)", por Victor Moulins, bacharel em letras.

36. Ele criticava o artigo da Constituição que proclama a pessoa do rei inviolável e sagrada, e a coroa, hereditária.

FANATISMO IDEOLÓGICO: AS ORIGENS DOS CULTOS REVOLUCIONÁRIOS

37. Confederation nationale du 14 juillet 1790, ou description fidèle des réjouissances publiques qui ont accompagné cette auguste cérémonie, Paris, 17.900 (Bib. da Cidade de Paris, 12.272). Essa publicação periódica só teve três números. A citação é emprestada do no 2.

38. La Feuille Villageoise, no 43, quinta-feira, 21 de julho de 1791.

39. Paris, 1791 (Bib. Nac., R 23.024). Ver o estudo crítico de II. Monin em La Révolution française de 14 de setembro de 1893. Que o trabalho seja de Mirabeau ou de Cabanis pouco importa para nossa tese. De uma maneira ou de outra, a sua influência foi a mesma. Pouco importa também que Mirabeau tenha sido sincero ao propor estabelecer festas públicas das quais o catolicismo seria excluído, ou que tenha, ao contrário, colocado uma armadilha aos patriotas empurrando-os para as medidas extremas, como pode sustentar o dr. Robinet, op. cit., II, p. 14. Devemos somente considerar o alcance da publicação.

40. É o tema das festas dos mártires da liberdade. Ver p. 67.

41. É o tema das festas morais. Ver p. 72.

42. As representações teatrais já tinham se misturado às festas cívicas. Ver p. 61.

43. É a ideia de Exposição nacional prevista para os cinco dias complementares do calendário republicano (relatório de Fabre d'Eglantine) e realizada por François Neufchâteau no fim do ano VI.

44. "Lembrem-se deste dia memorável em que, de todas as partes do Império, vinham correndo em uma doce exaltação os filhos da Constituição lhe jurar sob vossos olhos uma invencível fidelidade. Lembrem-se dessa multidão de cenas tocantes e sublimes, da qual a capital foi então o palco, e que se repetiram como por um tipo de simpatia ou de inspiração, não somente em nossos campos mais recuados, mas também nas nações mais longínquas. Esse dia não mostrou a vocês o homem sob novas relações? (...) Eu gostaria, senhores, de lhes falar também da festa fúnebre celebrada pouco tempo depois no mesmo lugar (a)." Mesmo discurso sub finem. a) Festas dos guardas nacionais mortos em Nancy, 20 de setembro de 1790.

45. Relatório sobre a instrução pública, Paris, 1791.

46. Constituição de 1791, título I.

CAPÍTULO 13

1. Ver o relatório de Gensonné e Gallois, enviados como comissários em Vendée, e nos Deux-Sèvres (publicado no Moniteur de 10 de novembro de 1791).

2. Como em Caen. Ver Robinet, op. cit., t. II, p. 78.

3. La Nation grevée constitutionnellement pour une Religion, s. I. n. d., (Bib. Nac., Lb39 4.576). Assinado no fim: "Godefroy, mestre de matemática, beco sem saída da Brasserie, rua Traversière, da gráfica de Tremblay, rua Basse St-Denis, II." A data da brochura é indicada pelo seu conteúdo. O autor se dirige à Legislativa como a uma assembleia que vai se reunir.

4. Em uma Opinion sur les cultes religieux et sur leurs rapports avec le Gouvernement, 1791, da gráfica de Calixte Volland, rua des Noyers, no 38, p. 16. (Bib. Nac., Ld4 3.555)

5. Número de 22 de outubro de 1791. Le Moniteur , reimp., t. X, p. 166.

6. Ver essa discussão no Moniteur .

7. Não sancionado pelo rei.

8. Preâmbulo do decreto em Duvergier.

9. Art. 6.

10. Art. 12.

11. Art. 7.

12. Art. 8.

13. Le Moniteur, reimp., t. X, p. 188. Sessão de 21 de outubro.

14. Le Moniteur, reimp., t. X, p. 189. Sessão de 21 de outubro.

15. Le Moniteur, reimp., t. X, p. 189. Sessão de 21 de outubro.

16. Le Moniteur dito Huret. Havia dois Huguet, um deputado da Creuse, o outro das Ardennes. Ver Kuscinski, Les députés à l'Assemblée Legislative, 1900.

17. Le Moniteur, reimp., t. X, p. 199. Sessão de 24 de outubro.

18. Le Moniteur, reimp., t. X, p. 216. Sessão de 26 de outubro.

19. Le Moniteur, reimp., t. X, p. 227. Sessão de 27 de outubro.

20. Le Moniteur, reimp., t. X, p. 284. Sessão de 3 de novembro.

21. Le Moniteur, reimp., t. X, p. 218. Sessão de 26 de outubro.

22. Le Moniteur, reimp., t. X, p. 287. Sessão de 3 de novembro.

23. Le Moniteur, reimp., t. X, p. 374-375.

24. Sem dúvida, Isnard protestou no Moniteur que ele não era ateu, mas percebe-se que esse protesto, depois, foi ditado pela política. Le Moniteur, reimp., t. X, p. 415.

25. O Moniteur registra que no momento em que ele fez a leitura desse artigo aplausos eclodiram. Le Moniteur, reimp., t. X, p. 388.

26. Le Moniteur, reimp., t. X, p. 434. Sessão de 21 de novembro.

27. Le Moniteur, reimp., t. X, p. 435. Sessão de 21 de novembro.

28. Le Moniteur, reimp., t. X, p. 436.

29. Le Moniteur, reimp., t. X, p. 471. Sessão de 24 de novembro.

30. Decreto de 23 de novembro de 1791, art. 17.

31. A maioria dessas brochuras foi enviada ao Comitê de Instrução Pública. Acha-se a indicação na coletânea de J. Guillaume.

32. Carta de J. A. Creusé-Latouche, deputado de Chatellerault, na Assembleia Nacional, às municipalidades e aos habitantes dos campos do departamento da Vienne. Imp. do Círculo Social, 3ª edição, 1791 (Bib. Nac., Ld4 3.484).

33. J. F. Reichardt, Lettres intimes, traduzidas por A. Laquiante, 1892. Carta de 30 de janeiro de 1792.

34. La Révellière, Mémoires, t. I, p. 93.

35. Des sociétés populaires considérées comme une branche essentielle de l'Instruction publique, par F. Lanthenas. Imp. do Círculo Social, 1792. Datado de 28 de fevereiro de 1792. O estudo de Lanthenas tinha, em primeiro lugar, aparecido no Chronique du Mois.

36. Sublinhado no texto.

NOTAS

37. Aulard, Société des Jacobins, t. III, p. 577.

38. Ver seu endereço no Moniteur de 22 de maio de 1792, suplem., reimp., t. XII, p. 449. "Façam por seus exemplos e por seus discursos que os grãos circulem livremente, que as imposições se cumpram, que o fanatismo seja desarmado. Que algumas leituras sejam muitas vezes repetidas, que conferências explicativas em assembleias nas quais vocês reunirão o maior número de pessoas de todas as idades e de todos os sexos tornem familiares a todos os nossos irmãos essas instruções imortais, muitas vezes endereçadas ao povo francês, e as boas obras em que respiram os sentimentos de justiça e de caridade que honram a humanidade (...)"

39. Por exemplo a de Fécamp: "A Fécamp, este 4 de outubro de 1792, o primeiro ano da República (...) Ao cidadão Roland, ministro do Interior. Cidadão, o povo reunido nomeou um leitor em cada uma de nossas seções, para, nos termos de sua carta, propagar os sistemas da Revolução. São os cidadãos Rousselet, notável, para a seção da Trinité, e Le Borgne, juiz do tribunal de comércio, para a seção de Saint-Étienne. Nós os instamos a corresponderem-se diretamente com eles. Em conselho municipal permanente." Seguem as assinaturas dos municipais. (Arq. Nac., FCm, Seine-Inferieure, i5).

40. Discurso sobre as sociedades populares, pronunciado em uma missão patriótica, em 10 de junho do ano IV da liberdade, por Étienne-Marie Siauve, Lyon, imp. J. Ant. Revol., 1792 (Bib. Nac., Lb39 10.616).

41. Dia 2 de dezembro de 1791, de acordo com S. Lacroix, Actes de la Commune de Paris. Pétion tinha sido nomeado prefeito pouco tempo antes, em 16 de novembro; Danton finalmente foi eleito substituto do procurador da Comuna em 7 de dezembro.

42. La Chronique de Paris de 1o de novembro 1790, em Robinet, op. cit., t. II, p. 295.

43. Questions importantes sur quelques opinions religieuses présentées par Charles Palissot a l'Assemblée Nationale, 1791 (Bib. Nac., Ld4 3.768), datado na última página: «Paris, este 1o de dezembro.» O panfleto foi reeditado no ano IV e dedicado aos teofilantropos.

44. Aulard, Société des Jacobins, t. III, p. 67. Em uma carta para um de seus amigos, publicada no fim de seu panfleto, Palissot faz seguir o relato do incidente de reflexões amargas: "Meu Deus, os padres devem lhes (aos jacobinos) agradecer. Eles nos fizeram regredir de um século, pelo menos, na frente deles (...) Quanto os padres vão se achar temíveis quando souberem que ainda temos medo deles ao ponto de não esclarecer o povo! O sr. Robesp..... (sic) diz que é preciso confiar no tempo; mas é tudo o que eles querem, eles só pedem um tempo, conhecem toda a sua importância (...) O corajoso Manuel falou como um herói. Ele se levantou com força contra Robesp..... (sic), ele foi vivamente aplaudido, eu também fui aplaudido, no entanto fomos sacrificados aos padres, e é nos jacobinos que se fez este último sacrifício de vítimas humanas."

45. Aulard, Société des Jacobins, t. III, p. 362.

46. Ver o relatório do Journal des Débats et de la correspondance de la Société des amis de la Constitution, no de 28 de março de 1792, em Aulard, Société des Jacobins, t. III, p. 451-452.

47. Como muito bem disse Jaurès, sente-se no deísmo de Robespierre "uma espécie de terno respeito pela alma do povo, pela humilde consciência do pobre". Ao contrário dos outros revolucionários que "toleram de cima os preconceitos do povo", os seus erros (...), Robespierre "acomoda-se a eles e parece colocar-se no seu nível". Jean Jaurès, Histoire Socialiste, La Convention, t. I, p. 244.

48. Reimp., t. XII, p. 369.

49. La Feuille Villageoise de quinta-feira, 3 de maio de 1792, artigo sobre "os progressos da tolerância".

50. Ibid., no 30, 31 de maio de 1792.

51. 7 a 14 de abril 1792.

52. No 151, 26 de maio-2 de junho de 1792.

53. Ver o decreto em Robinet, op. cit., t. II, p. 203.

54. Ver sua circular em Robinet, op. cit., t. II, p. 204-205.

55. De acordo com os textos publicados pelo Tribunal de Justiça, op. cit., t. II, p. 206-207. O bispo constitucional Le Coz mostrou-se muito triste com a decisão da Assembleia. Numa carta particular de 6 de

junho de 1792, protesta com amargura contra as calúnias e os ultrajes de que o catolicismo constitucionalista se tornou objeto por parte "daqueles mesmos que se dizem seus mais zelosos defensores". Le Coz, Correspondance, publicado por P. Roussel, t. I, 1900, p. 34.

56. Por exemplo o Patriote français de 7 de junho, artigo de Condorcet.

57. Aulard, Société des Jacobins, t. III, p. 649.

58. De acordo com Journal de la société. Robinet, op. cit., t. II, p. 204, nota I.

59. No 3. Citado por Robinet, op. cit., t. II, p. 219-220.

60. O Clube dos Cordeliers, ou Sociedade dos Amigos dos Direitos do Homem e do Cidadão, era uma popular sociedade política, fundada em 27 de abril de 1790, durante o período da Revolução Francesa, e com sede no antigo refeitório do Convento dos Cordeliers de Paris. Tinha em sua composição representantes da população mais pobre dos subúrbios de Paris, inclusive mulheres, mesmo que apenas formalmente. A mensalidade dos Cordeliers era bem acessível, equivalente ao preço de um pão de 460 gramas no período revolucionário.

61. Nº de 9 de junho de 1792, em Robinet, op. cit., t. II, p. 219.

62. Nº de 10 de junho de 1792. Carta assinada por F. J. Ozanne, em Robinet, op. cit., t. II, p. 214.

63. Aulard, Société des Jacobins, t. IV, p. 155.

64. Jaurès indicou bem esse estado de espírito do clero revolucionário no fim da Legislativa: "Ele pressente que a lógica da revolução a levará a abolir todo o culto oficial. Ele começa a temer que o abalo dos hábitos antigos na ordem da disciplina eclesiástica e as cerimônias não se estendem à própria fé, e o povo, não permanecendo por mais tempo nesta combinação um pouco equívoca da Constituição Civil, não rompe enfim qualquer vínculo religioso." J. Jaurès, Histoire socialiste, La Convention, t. I, p. 218.

65. Em 26 de janeiro e em 14 de fevereiro de 1792. Aulard, Société des Jacobins, t. III, p. 345 e 374.

66. Accord de la Religion et des Cultes chez une nation libre, por Charles Alexandre De Moÿ, deputado suplente na Assembleia Nacional. Em Paris, no ano IV da Liberdade, no presbitério de São Lourenço e nos livreiros que vendem novidades, 144 p. (Bib. Nac., Ld4 3.831). A primeira edição em papel de baixa qualidade foi seguida quase imediatamente de uma segunda edição em papel bonito e em caracteres mais finos (110 p.). Publicada em J.-B. Garnery, livreiro, rua Serpente, no 17. Seguindo uma observação do Révolutions de Paris, De Moÿ assinou na segunda edição "pároco de Saint-Laurent". Os excertos seguintes são extraídos da segunda edição.

67. P. 7.

68. P. 15.

69. P. 16.

70. P. 24. Vê-se que P. Manuel, no seu decreto sobre as procissões do Dia de Deus, apenas pôs em prática os princípios de De Moÿ.

71. P. 37. O decreto que suprimirá o traje eclesiástico, em 6 de abril, será apenas a aplicação dos princípios apresentados por De Moÿ.

72. P. 46.

73. P. 62.

74. P. 67. A Comuna de Paris aplicará esse programa depois de 10 de agosto.

75. P. 85. Fouché apenas realizará o desejo de De Moÿ em seu famoso decreto sobre os cemitérios.

76. P. 96.

77. Isnard já tinha empregado esse neologismo. P. 94.

78. P. 100.

79. Teve imediatamente uma segunda edição. O ministro do Interior, Roland, o fez distribuir, ao que parece, nos departamentos (Révolutions de Paris, no 135, p. 280). Os católicos constitucionais tentaram refutar a formulação e cobriram o autor de injúrias. Ver Lettre d'un vicaire de Paris à Charles-Alexandre de Moÿ ou réflexions sur sa brochure intitulée: De l'Accord de la Religion avec les cultes, s. d. (datado erroneamente à mão sobre o exemplar da Bib. Nac.: 1791), p. 47 (Bib. Nac., Ld4 3.834); Réfutation du libelle de M. De Moÿ, curé de Saint-Laurent de Paris, par Jean Duffay, vicaire de la paroisse de Saint-Germain-des-Prés. Paris, ano IV da liberdade, ano da graça 1792 (Bib. Nac., Ld4 3.835); Profession de foi de Ch. Alex De Moÿ, député suppléant à l'Assemblée Nationale, et curé de la paroisse de Saint-Laurent à Paris, rédigée en forme de catéchisme e suivie d'un entretien d'un Paroissien de Sain-Laurent, avec approbation à l'usage de l'Église constitutionnelle de France. Em Paris, Crapart, 1792, p. 60 (Bib. Nac. Ld4 3.836).

80. Em seu número 135, p. 277.

81. O relatório é publicado na íntegra no Moniteur de 28 de abril de 1792, reimp., t. XII, p. 229.

82. Le Moniteur, reimp., t. XII, p. 225.

83. Ele tinha vindo em substituição de Gouvion, em 17 de abril de 1792.

84. Discours et projet de décret concernant les ministres des cultes, por Demoy (sic), deputado do departamento de Paris, em 15 (erro: em 16) de maio de 1792, ano IV da liberdade, impresso por ordem da Assembleia Nacional. Em uma coleção fictícia, no 13 (Bib. Nac., Le33 3N). O relato do Moniteur difere do texto oficial apenas por variantes pouco importantes.

85. Le Coz o interrompeu nestes termos: "É impossível a Assembleia ouvir a sangue-frio tais princípios. O opinante fala contra a Constituição."

86. Le Moniteur, reimp., t. XII, p. 408.

87. Eu o resumo segundo o Moniteur.

88. O rei vetou esse decreto, como o de novembro. Os separatistas continuaram a sua propaganda através da imprensa e dos panfletos. Les Révolutions de Paris analisaram com elogios a "sábia moção do pároco Moÿ" (no 149, 12-19 de julho de 1792). Um certo Philippe Raynal, de Toulouse, retomou sua argumentação numa brochura intitulada Opinions d'um citoyen français sur la liberté religieuse et sur les moyens de l'affermir sans danger, adressée a l'Assemblée nationale, s. d. (O exemplar da Bib. Nac. traz à mão erroneamente a data de 1791. Bib. Nac., Lb39 4.574). As mesmas ideias são desenvolvidas em La Religion du souverain que Barbier atribui a De Moÿ (Paris, 1792, p. 29. Bib. Nac., Ld4 7.431).

89. J. Guillaume. Procès-verbaux du Comité d'instruction publique de la Législative, 1889, p. 188.

90. J. Guillaume, ibid, p. 192. O Comitê de Instrução Pública decidiu no mesmo dia, 21 de abril, submeter à Legislativa um projeto de decreto sobre as festas nacionais (J. Guillaume, p. 250). Quando de sua reorganização, em 11 de maio de 1792, uma das sessões do Comitê devia ocupar-se especialmente das festas nacionais (id., p. 391, nota 3). No dia seguinte, 12 de maio, o relator do Comitê, Quatremère, submetendo à Legislativa um projeto de decreto sobre a festa de Simoneau, acrescentava: "Encarregado por vós de vos apresentar um código de instrução universal, o Comitê de Instrução Pública não esqueceu que as cerimônias cívicas são a lição de todos os homens e de todas as idades; que as festas periódicas, instituídas em todo o império em épocas consagradas pelos acontecimentos, são os mais fortes instrumentos que se pode usar sobre a alma para levá-la ao amor e à imitação de tudo o que é belo. Ele sabe que esses períodos solenes devem tornar-se com o tempo os mais fortes apoios da Constituição, e é sobretudo dessa Constituição que se devem extrair os elementos dessas nobres instituições. Por isso, ele vos oferecerá festas em honra da Liberdade e também outras em honra da Lei, verdadeira divindade do homem livre." J. Guillaume, ibid., p. 284.

91. Art. VII do título II. J. Guillaume, op. cit., p. 228.

92. J. Guillaume, op. cit., p. 194, nota. Já em seu projeto de 1792, Condorcet tinha descartado absolutamente da escola o ensino religioso.

93. Arq. Nac., F17 1.065.

94. Projet de cirque national et de fêtes annuelles proposé par le sieur Poyet, arquiteto da Cidade de Paris, Paris, 1792, p. 24. (Bib. da Cidade de Paris, 12.272)

95. O panteão francês ou discurso sobre as honras públicas atribuídas pela nação em memória dos grandes homens, Dijon, 1792, p. 15. (Bib. Nac. Lb30 5.958)

96. Discurso de Gohier, segundo o Moniteur, reimp., t. XII, p. 708.

97. J. Jaurès, Histoire socialiste, La Convention, t. I, p. 227.

98. Só conheço o decreto através de Jaurès, La Convention, t. I, p. 14. Não pude pôr as mãos no texto oficial.

99. J. Jaurès, La Convention, t. I, p. 15.

100. Ver o decreto em Révolutions de Paris de 10 a 17 de novembro de 1792.

101. Decreto de 19-25 de julho de 1792.

102. "Eu denuncio um libelo intitulado Instruction pastorale sur la continence des ministres de la religion, pelo sr. Gratien, bispo do departamento do Sena-Inferior. Ele já conseguiu fanatizar um grande número de cidadãos, sobretudo habitantes do campo. Um pároco desse departamento quase foi vítima da fúria de seus paroquianos, porque tinha sido bastante virtuoso para ter uma mulher. Peço que o Ministro da Justiça ordene aos tribunais que processem o bispo do departamento do Sena-Inferior; além disso, que todos os ministros que publicarem textos contrários aos direitos humanos e às leis sejam privados do seu tratamento." A Assembleia remeteu ao Comitê de Legislação as propostas de Lejosne. Le Moniteur, reimp., t. XIII, p. 420.

103. Decreto de 18 de agosto de 1792, tit. I, art. 9.

104. Segundo o Journal des Débats et décrets, citado por Ludovic Sciout, Histoire de la Constitution civile du clergé, t. III, p. 223.

105. Decreto de 7-14 de setembro de 1792.

106. Decreto de 18 de agosto de 1792. Os montanheses mais tarde acusarão Roland de subsidiar com esse dinheiro os escritores girondinos. Em 12 de dezembro de 1792, nos jacobinos, Châles denunciará o gabinete de formação do espírito público, criado para captar a opinião. Basire exclamará que tal instituição "era contrária à liberdade de opiniões religiosas, porque formar um tal gabinete com o dinheiro dos cidadãos era forçá-los a pagar por obras que não aprovavam". Aulard, Société des Jacobins.

107. Em 16 de setembro de 1792, os municipais de Neufchâteau (Sena--Inferior) escreviam a Roland que, tendo o dia 10 causado uma terrível fermentação nos espíritos, tinham decidido fazer todos os dias, às sete horas da noite, instruções ao povo na igreja do Hospital São Tomás para esclarecê-lo sobre os seus deveres e para tranquilizá-lo sobre todas as mentiras de que se servem para enganá-lo e suscitar receios" (Arq. Nac., Seine inferieur 15).

108. Le Moniteur, reimp., t. Xlll, p. 424.

109. Ver em Tourneux, Bibliographie, t. I, p. 286, a indicação de toda uma série de documentos relativos a essa cerimônia.

110. Encontra-se a ata impressa em uma coletânea fictícia da Bib. da Cidade de Paris, 12.272.

111. Na história da Revolução Francesa, A Montanha (em francês: La Montagne) foi um grupo político na Convenção Nacional. Seus membros eram chamados Montanheses (em francês: les Montagnards).

112. Aulard, Histoire politique de la Révolution, p. 468-469.

CONHEÇA TAMBÉM

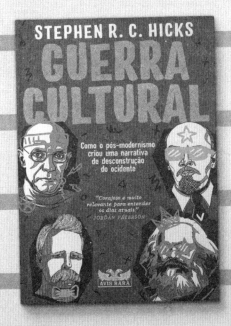

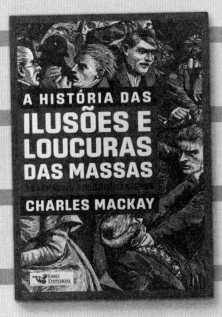

ASSINE NOSSA NEWSLETTER E RECEBA
INFORMAÇÕES DE TODOS OS LANÇAMENTOS

WWW.FAROEDITORIAL.COM.BR

Há um grande número de portadores do vírus HIV e de hepatite que não se trata.

Gratuito e sigiloso, fazer o teste de HIV e hepatite é mais rápido do que ler um livro.

Faça o teste. Não fique na dúvida!

CAMPANHA

ESTE LIVRO FOI IMPRESSO
EM MAIO DE 2021